4대강 사업과 토건 마피아

4대강 사업과 토건 마피아

제1판 제1쇄 발행일 2014년 11월 17일

글 | 박창근, 이원영

기획 | 손석춘, 지승호, 책도둑(박정훈, 박정식, 김민호)

디자인 | 이안디자인

펴낸이 | 김은지

펴낸곳 | 철수와영희

등록번호 | 제319-2005-42호

주소 | 서울시 마포구 월드컵로 65, 302호 (망원동, 양경회관)

전화 | (02)332-0815

팩스 | (02)6091-0815

전자우편 | chulsu815@hanmail.net

ISBN 978-89-93463-60-6 03300

철수와영희 출판사는 '어린이' 철수와 영희, '어른' 철수와 영희에게 도움 되는 책을 펴내기 위해 노력하고 있습니다.

철수와 영희를 위한 대자보

04

4대강 사업과 토건 마피아

민주주의가 강을 살린다

박창근과 이원영의 대자보

철수와영희

자연에 대한 인간의 공격은 부메랑이 되어 돌아온다

하천 개발은 선거 때마다 주요 공약이었다. 한동안 광풍처럼 퍼져나가던 하천사업은 그러나 이제 국민의 엄중한 심판을 기다리고 있다. '하천 살리기', '생태하천', '자연형 하천' 등과 같은 미사여구 뒤에 숨어 있던 탐욕이 그 실체를 드러낸 것이다.

수만 년에 걸쳐 비와 바람이 만든 하천은 그 자체로 생명의 보금자리이다. 인간 또한 하천에 의존하여 문명을 키워왔다. 지금도 우리는 하천이 주는 다양한 혜택을 누리며 살고 있다. 아마 우리 후손들도 마찬가지일 것이다. 그러나 오늘날 하천 생태계는 심각한 위기에 처해 있다. 바로 우리 인간 때문이다. 인간은 과학기술의 발전을 등에 업고 하천을 마음대로 재단했다. 제방을 쌓고 모래를 파내 수로를 냈다. 강을 가두어 댐을 쌓아 전기를 생산하고 식수를 얻었다. 예전엔 생존 때문이었다고 변명할 수 있었지만, 이제는 탐욕과 욕망 때문에 즉, 돈을 벌기 위해 하천을 난도질하고 있다.

하지만 자연은 인간의 뜻대로 움직이지 않는다. 힘들여 쌓은 제방은 홍수라는 자연의 반격 앞에 무용지물이 되고, 거대한 댐은 결국 우리가 살아가야 할 생태 공간을 황폐화시켰다. 자연에 대한 인간의 공격이 부메랑이 되어 돌아온 것이다.

'생태'라는 이름으로 조성된 인공 하천은 그 안에서 살아가던 다양한 생명체는 물론 인간에게도 악영향을 미치고 있다. 원래의 취지와 달리 하천사업이 관료와 토목업체를 위한 돈벌이로 전락한 지 오래다. 각종 위원회의 전문가들은 사업에 대한 꼼꼼한 검토 없이 그들과 한통속이 되어 면죄부를 주고 있다. 하천사업의 실질적인 이해관계자라 할 지역 주민은 의사결정 과정에서 소외되고, 실적을 쌓고자 혹은 각종 이권을 따내고자 사업을 밀어붙이는 비민주적인 행정이 도처에서 자행되고 있다. 잘못된 하천사업이 자연은 물론 사람까지 망치고 있는 것이다.

인간은 오랫동안 자연을 수탈해왔다. 자연의 아름다움은 개발 이데올로기 앞에서 속수무책으로 훼손되었다. 자연은 인간과의 대결에서 늘 약자였다. 하지만 앞으로도 그럴 것인가? 지금 우리는 과거의 개발 광풍이 몰고 온 하천과 생태계 파괴의 결과가 무엇인지 서서히 깨닫고 있다. 자연의 복수가 시작된 것이다. 뒤늦게 우리는 개발과 환경이라는 두 축을 저울질하기 시작했다.

우리는 이제 인간과 자연의 공존, 지속 가능한 성장을 고민해야 한다. 하천 개발사업도 예외가 아니다. 생태적 공간이자 연속적인 공간인 하천과 그 주변 지역을 보전해야 한다. 엄청난 돈이 투입되는 단기적인 경기부양 사업이 아니라, 삶의 터전을 가꾸는 장기적인 프로젝트로 자리매김해야 한다.

또한 하천사업은 '사회적 형평성'의 차원에서 이해되어야 한다. 수질·수자원·지리·방재·환경생태·문화·도시계획·경제·법·행정 등 다양한 시각으로 분석하고 살펴보아야 한다. 사회적 형평성은 동시대인뿐만 아니라 후손에 대한 배려이기도 하고, 우리 사회의 지속 가능성을 위해서도 꼭 필요한 가치이다.

이를 실현하기 위해서라도 지난날 한 개인의 탐욕으로 병들고 뒤틀린 우리 강을, 생태계를 반드시 재자연화해야 한다. 보와 댐으로 가로막힌 강을 흐르게 하고 원래의 모습을 되찾게 하는 것은 이를 실현하는 중요한 계기가 될 것이다.

부디 이 책이 이 땅의 아름다운 하천을 살리는 데 힘을 모으는 한편, 탐욕으로 얼룩진 개발 논리가 우리 사회에서 더 이상 발붙일 수 없게 하는 데 일조했으면 한다.

박창근 드림

4대강과 노인 그리고 박창근 교수

1

때는 2008년 봄 어느 주말. 이명박의 운하 추진 때문에 열이 올라 있던 필자는 머리도 식힐 겸 산행을 했다. 동네 야산이지만 오르자면 땀깨나 흘려야 하는 곳이다. 정상에 올라 땀을 식히자니 먼저 와 있던 나이 지긋한 노인이 입에 거품을 문다.

"자기가 대통령이면 대통령이지, 운하가 뭐야? 백두대간을 끊고 서울까지 배를 들인다고? 나라에 돈이 남아도는 것도 아니고, 미친 거 아니야?"

가만히 보니 노인은 아침부터 거기 앉아 있었던 모양이다. 올라오는 사람마다 그 얘기를 퍼부어댄다. 숨을 고르느라, 사람들은 꼼짝 못 하고 노인의 웅변을 들을 수밖에 없다. 저렇게 저녁까지 앉아 있을 기세다. 노인을 뒤에 두고 내려오면서 감탄사가 절로 나왔다. '저 할아버지 작전 좋네! 듣기 싫어도 꼼짝없이 들을 수밖에 없는 시간과 장소라니!' 집에 돌아와 자리에 누웠는데도 잠이 오지 않았다. 생각해보니 그건 '작전'이 아니라 '열정'이요 '순수'였다. 그 노인은 무얼 바라고 그런 일을 했을까? 돈이 생기나, 밥이 생기나…. 세상을 생각하는 애틋한 마음이 아니면 그런 행동이 어찌 나올까? 어쩌면 그런 평범한 사람의 바람이야말로 이 세상을 지탱하는 힘이 아닐까. 나름대로 운하반대를 열심히 한다고 자부했던 나는 갑자기 작아지는 느낌이었다.

2

가까운 친척 어른 중에 독립투사가 한 분 계시다. 이분은 의열단의 부단장으로 일제강점기에 맹활약을 하신 분이다. 집안에서 그분의 기록을 책자로 발간했을 때 감회가 새로웠다. 그 어려웠던 시절에 무슨 용기로 만주벌판을 누비셨을까? 그분께서는 국내에 잠입하여 경찰서와 감옥 등에 폭탄을 투척하는 등 항일투쟁을 벌이다 결국 붙잡혀 옥고를 치르다 돌아가셨다. 어릴 때부터 말로만 들어왔던 그분 이야기를 몇 년 전 연변에서 옛 신흥무관학교 터를 찾고는 다시 한 번 떠올렸었다. 그런데 어쩐 일인지 그분의 모습이 일전에 야산에서 만난 노인과 겹치는 것 아닌가. 처한 상황은 각자 달라도 불의에 항거하는 정신이 그리 상상하게 했는지도 모른다. 그런 정의롭고 순수한 마음들이 모여 세상을 바꾸는 것이리라.

3

4대강 반대 운동에 열중하던 2011년 봄 후쿠시마에서 핵발전소 사고가 터졌다. 이후 독일의 탈핵 현장을 견학하는 등 탈핵운동에 관심을 갖게 되었다. 그곳의 사례를 접하며 생각했다. 전기 생산량의 26퍼센트만 공급하는 원전에 우리가 목맬 이유가 없다고. 시간을 두고 전환하면 되는 것이다. 그런데 문제가 있었다. 우리나라 원전 전문가 중에 이런 주장에 동의하는 사람이 한 명도 없었다. 수많은 희생자를 낸 체르노빌의 악몽이 아직도 생생한데, 또다시 일본에서 대형 핵 재난이 발생했는데, 바로 옆 나라의 원전 전문가들은 탈핵을 주장하지 않았다. 그들이 마치 사이비종교의 신자처럼 느껴진 건 나만의 착각이었을까? 그제야 새삼 박창근 교수가 돋보이기 시작했다. 나는 전공이 도시계획·국토계획이라서 4대강 반대 투쟁 때 토목공학자의 전문 지식이 필요했다. 박 교수는 4대강 반대 투쟁에서 큰 힘이 되었다. 현장조사, 세미나, 기자회견, 법정투쟁 등 4대강과 관련된 모든 투쟁의 현장에 박 교수가 있었다. 아무런 대가도 없이 오로지 신념 하나로 여기까지 왔다. 그동안 전국의 강들을 얼마나 누비고 다녔던가. 그런 그가 그 노인과 독립투사의 모습과 겹쳐 보였다.

이 책은 박창근 교수와 나의 대화록이자 지난날 노력과 땀의 기록이다. 부디 그 열정과 희망이 독자들에게 고스란히 전달될 수 있기를 바란다.

이원영 드림

1부 – 왜 '운하'인가

'한반도 대운하'의 등장

이원영: 박창근 선생님 오랜만입니다. 오늘은 '운하' 이야기를 해야겠는데요. 우리나라에 운하가 도입된 게 언제부터인가요?

박창근: 고려시대 때부터 운하 이야기가 나옵니다. 지방에서 세금을 거둬들이는데 그때는 현물이었잖아요. 바닷길로 가져오자니 시간도 걸리고 사고도 잦습니다. 그래서 내륙에 수로를 만들려는 시도가 있었지요. 경기도에 있는 굴포천이 바로 그곳입니다.『정조실록』에 의하면 고려 고종 때부터 여러 번 시도했으나 결국 실패했다고 해요. 당시 기술도 부족했지만 효용에 비해 비용이 너무 많이 들었던 탓이에요. 그런데 이런 역사적 사실을 아라뱃길 사업[1] 하면서 왜곡합니다. '민족의 염원'이니 뭐니 하면서 홍보에 써먹었지요.

1) 한강 하류의 행주대교에서 서해로 연결되는 뱃길. 이명박 정부가 추진한 대규모 토건사업 중 하나로 화물과 여객 수송을 돕겠다는 취지로 추진되었다. 환경 파괴, 경제적 효용성 논란 등 수많은 시민과 전문가들로부터 비판을 받았으나 2009년 3월 착공을 강행하여 2011년 말 공사를 마무리하였다. 완공 후 뱃길을 통한 물동량은 정부 예측치의 10퍼센트 아래를 밑돌았으며, 유일하게 아라뱃길을 통해 화물선을 운항하던 한진해운은 누적 적자를 해결하지 못하고 결국 사업에서 철수했다. 사업 초기에 내걸었던 '연간 3조 원의 생산 유발, 2만 6000명의 고용 유발 효과'는 허구로 드러났으며 오히려 수조 원의 손실을 국민 세금으로 보존해야 하는 상황이 되었다.

이원영: 박정희 정권 때도 운하 이야기가 있었지요?

박창근: 그렇습니다. 일제강점기와 이승만 정권 때도 대규모 운하사업을 기획했지만 재정 문제 등으로 추진되지는 못했어요. 박정희 정권 때도 인천-서울-영월 간 운하 계획이 있었는데 우선순위에 밀려 폐기되었다고 합니다. 결국은 사업성이 없다고 판단한 거예요. 그랬는데 수십 년이 지나서 이명박 전 대통령이 화끈하게 밀어붙인 거예요. (웃음)

이원영: 이명박 씨가 대통령이 되기 전, 그러니까 국회의원일 때부터 운하를 제안해온 걸로 알고 있어요.

박창근: 네, 당시 신한국당(현 새누리당) 국회의원을 하다가 서울시장이 되고 청계천이 '빅 히트'를 치면서 대선에 들고 나온 거지요. 당시 이명박 대통령 후보의 제1 공약이 바로 한강과 낙동강을 연결하는 내륙 운하 건설이었으니까요. 이걸 나중에 북한 지역을 포함하는 '한반도 운하'로 바꿉니다. 그래서 우리가 '운하' 하면 '이명박'을 떠올리지만, 학계에서도 비슷한 주장이 있었어요.

1995년 4월 세종대 부설 세종연구원에서 전국 5대강을 운하로 연결하자고 제안합니다. 이때 최초로 한강과 낙동강을 잇는 경부운하에 대한 검토 보고서가 나옵니다. 당시 세종연구원 이사장이던 주명건 씨가 상당한 관심을 보였다고 해요.

경부고속도로와 대운하

이원영: 제가 1997년도에 경기도 도시계획 자문역을 했는데 그때 고위 공무원으로부터 '경부운하 구상 보고서'라는 문건을 받았어요. 타당성을 검토해달라고 합니다. 그때는 '운하'라는 말을 처음 듣는 터라 선입견이 없던 시절이었습니다. 발상 자체가 흥미롭기도 해서 물류와 환경 쪽을 연구하는 교수님들과 함께 훑어보았습니다. 그런데 검토하자마자 답이 딱 나와버려요. 한마디로 경제성이 '제로'였습니다. 물류라는 게 결국 비용이잖아요. 가장 효율적인 게 배냐 비행기냐, 혹은 육상 수송이냐 하는 거지요. 만약 시간이 좀 걸리더라도 대량으로 실어 나를 수 있다면 운하도 나쁘지 않습니다. 적어도 경제적인 측면만 따져 보면 그렇지요. 그런데 보고서를 보니 비용이

너무 많이 드는 거예요. 운하 건설 자체도 그렇고 항구에서 이걸 옮겨 싣거나 다시 육상으로 옮길 때 드는 환적 비용도 그렇고요. 바로 '불가' 판정을 내렸습니다.

운하를 검토할 때 또 하나 고려해야 할 것이 바로 '수질 관리'입니다. 우리나라의 큰 강들은 국민의 식수원이잖아요. 한강만 해도 수천만의 인구가 마십니다. 다른 나라와는 처지가 달라요. 우리나라는 강물을 직접 정수해서 먹는데 운하가 생기면 수질이 나빠지잖아요. 배가 왔다 갔다 하면서 생기는 오염 물질과 물을 막았을 때 생기는 문제점 등을 해결해야 합니다. 한마디로 수질 관리가 어려워지는 거지요. 당시 운하를 파면 수질에 치명적인 결과가 생긴다는 의견이 있었습니다. 생태계 파괴야 말할 것도 없고요. 이런 의견들을 쭉 정리해서 경기도에 보냈어요. 그 후론 운하 이야기가 없었지요. 그랬는데 10년 후에 대통령 후보가 '한반도 대운하'를 들고 나옵니다. 보니까 예전에 돌려보낸 보고서와 내용이 똑같은 거예요. 깜짝 놀랐습니다. 당선이 유력한 대통령 후보가 경제성도 없고 환경에도 치명적인 운하를 공약으로 들고 나오다니 피가 거꾸로 솟는 느낌이었습니다.

박창근: 이명박 씨가 서울 시장 재임 시절에 청계천 복원사업을 했잖아요. 저는 그때부터 '짝퉁' 복원이라고 비판을 했습니다. 겉모양은 그럴듯하지만 자연의 입장에서 보자면 그건 원래의 하천이 아닌 거죠. 인공 물길에 불과합니다. 그래도 어쩌겠어요. 서울 시민들은 도심에 생긴 휴식 공간을 무척 만족스러워합니다. 당시 이명박 시장의 인기가 대단했지요. 건설사 사장 출신인 이명박 씨가 전공을 살려서, 시쳇말로 재미를 좀 본 거죠. 서울이라는 도시의 환경이 워낙에 척박하다 보니 인공 자연이라도 시민들에게는 그나마 위안이 되었던 모양이에요. 그동안 개발 위주로 형성되어 온 서울이라는 도시가 얼마나 황폐화됐는가를 역설적으로 보여준 거지요.

청계천 복원사업으로 인기를 얻은 이명박 씨는 나중에 대통령 후보가 됩니다. 2007년 8월 당시 이명박 한나라당(현 새누리당) 대선 후보가 프레스센터에서 대선 공약을 발표해요. 대형 걸개그림을 배경으로 한반도 대운하 계획을 발표합니다. 저도 그 자리에 있었어요. 기자들이 엄청나게 몰려들었습니다. 당시 분위기는 한나라당 후보가 곧 차기 대통령이라는 식이었거든요. 저는 불안했습니다. 그때부터 환경연합을 중심으로 운하 반대운동을 조직했습니다. 2006년 이명박 씨가 대통령 후보가 되기 전 독일을 방문해서는 RMD(라인-마인-도나우) 운하를 둘러보던 장면을 언론을 통해 보았는데, 아직도 눈에 선합니다. 선글라스를 낀 모습이 오래전 박정희를 연상하게 했지요.

이원영: 의도된 거겠지요? 살림살이가 팍팍해지자 박정희 시대에 대한 향수가 국민 사이에 팽배해 있었으니까요.

박창근: 그렇죠. 박정희도 독일을 모델로 삼았잖아요. 1964년 독일의 아우토반을 견학하고 와서 1968년 경부고속도로를 착공합니다. 2년 후인 1970년 7월 7일 준공하게 되지요. 이명박 씨도 이걸 잘 알고 있었던 겁니다. 독일 현지에서 "제2의 국운 융성의 길이 한반도 대운하에 있다"고 발표합니다. 기술적 검토는 끝났다, 내 임기 내에 완공이 가능하다고 자신 있게 얘기해요. 제가 보기엔 너무도 무모했습니다. 이것이 '정치적인 쇼'라는 걸 국민도 어느 정도 알고 있었겠습니다만, 잘살게 해준다는 말에 모두가 넘어간 겁니다. 그래도 혹시 나랏돈이 너무 들지 않을까 하는 우려는 있었지요. 여기에 이명박 씨가 대운하 사업은 민자를 유치해서 진행하겠다고 선언합니다. 강바닥 모래를 파서 8조 원의 사업비를 충당하겠다고 해요. 그래도 의심의 눈초리는 사라지지 않습니다. 하다못해 경쟁 후보였던 박근혜 쪽에서도 이걸 비판하고 나섭니다. 당시 박근혜 캠프에 있던 이상돈 교수가 사업의 타당성에 의문을 제기해요. 하지만 경선은 이명박 씨의 승리로 끝납니다. 이명박 씨가 한나라당 대통령 후보가 되자 토목계가 들썩들썩합니다. 대형 국책사업으로 어마어마한 돈이 토목 쪽으로 흘러들게 생겼잖아요. 재벌들, 대기업들 이런 곳은 영혼이 없어

요. 돈이 목적입니다. 강을 살리든 죽이든, 땅을 파든 덮든 일단 돈이 되면 뛰어듭니다.

이원영: 그렇게 된 데에는 역대 정권의 무리한 국책사업 추진이 한몫한 거 같습니다. 정권이 바뀔 때마다 엄청난 돈을 들여 건설·토목 사업을 추진했으니까요. 경기를 살린다는 핑계로 말이지요.

박창근: 재벌, 대기업들도 거기에 길들여져 있어요. 이명박 씨야말로 그 맛을 잘 아는 사람이지요. 현대건설 사장 출신이잖아요.

이원영: 게다가 토목공사는 한번 시작하면 되돌리기가 어렵습니다. 무리가 되더라도 일단 밀어붙이면 어쩔 거냐는 식인 거죠. 자기들은 돈만 받으면 그만이라는 거예요. 하지만, 우리 국민들은 어떡합니까? 그 피해는 엉뚱한 사람들이 보는 겁니다. 지금 4대강의 참상이 그 사실을 잘 보여주고 있잖아요.

대운하는 정치적 기획물

박창근: 이명박 씨가 대통령이 당선되고 나서 얼마 안 있어 서울대학교에서 한반도대운하 토론회가 열렸습니다. 대통령의 제1 공약을 비판하는 자리였으니 사회적인 반향도 컸지요. 운하 반대 투쟁의 서막을 알리는 자리였지요. 저는 공학을 전공한 사람이라서 정치는 잘 모릅니다. 원래는 그날 제가 에베레스트산에 오르기로 되어 있었거든요. 서울대 최영찬 교수님을 비롯한 주변에서 한반도대운하토론회에 참석하는 것이 중요하다면서 만류하는 바람에 일정을 취소했습니다. 그래서 비행기 값이니 뭐니 고스란히 날렸어요. 이거 다 이

명박 씨한테 받아야 해요. (웃음) 나도 모르게 투사가 되어버린 거예요. (웃음) 이후로 계속 운하 반대 활동을 하게 되는데, 제 주장은 한결같아요. 우리나라 하천은 운하에 적합하지 않다, 경제성이 없다는 거예요.

독일처럼 일 년 열두 달 비가 비교적 일정하게 오면 모르지만 우리나라는 비가 많이 올 때와 적게 올 때, 즉 건기와 우기가 뚜렷해서 운하가 어렵다는 겁니다. 수위 차이가 많이 나잖아요. 이걸 유지하려면 엄청난 비용이 들어갑니다. 또 하나, 운하는 18세기 때 운송수단입니다. 19세기는 철도의 시대고 20세기는 도로의 시대예요. 옛날에는 달리 방법이 없어서 하천을 이용한 겁니다. 사람이 지고 가던가 우마차로 끌고 가든가 배로 가야 했으니까요. 그러다 산업혁명이 일어나고 철도의 시대가 열리면서 물류에서도 엄청난 변화가 찾아옵니다. 20세기 들어서는 자동차가 발명되고 도로가 여기저기 생기지요. 더 이상 운하를 이용할 이유가 없어요. 박정희 대통령이 왜 독일에 가서 운하를 안 보고 고속도로를 봤겠어요. 어쨌든 운하보다는 고속도로가 낫다고 생각했던 거예요. 박정희의 독재로 수많은 사람이 희생당하고 인권이 탄압받았지만 다른 건 다 제쳐 두고, 경제적 효율성의 관점에서만 본다면 고속도로는 옳은 선택이었습니다. 토목의 입장에서는 그렇게 볼 수 있다는 거지요.

반면 이명박이 밀어붙였던 운하는 그야말로 시대착오적인 것이었습니다. 상식을 가진 사람이라면 누구든 알 수 있었지요. 그래서 수많은 시민, 전문가들이 반대 모임을 조직했습니다. 대표적인 게 2008년 2월 결성된 '운하반대 전국 교수모임'이에요. 이때 모인 교수분들이 2500명 정도 되니까, 해방 이후 단일 사건에 대항하는 지식인 조직으론 최대 규모였을 거예요.

이원영: 말씀하신 대로 물류라는 것이 결국 비용의 문제 아닙니까. 철도의 등장 이후로 운하의 경제성이 다른 운송수단에 비해 떨어진다는 건 이미 상식인데 말이죠. 영국이 대표적인 사례입니다. 철도가

생기기 전까지 운하의 전성기였어요. 영국 땅이 대체로 평지거든요 뱃길을 뚫어서 다니기에 좋아요. 그래서 운하가 오랫동안 물류를 담당했습니다. 그러다 훨씬 적은 비용으로 많은 양의 화물을 빠르게 처리할 수 있는 기차에 영광의 자리를 물려주게 되지요. 문제는 이때부터 생깁니다. 방치된 운하가 골칫덩어리로 전락해요. 환경을 오염시키는 주범이 되고 맙니다. 그럼에도 이명박 씨가 타당성 자체를 인정받지 못하는 운하사업을 밀어붙인 데는 아무래도 정치적 계산 때문이라고밖에 볼 수 없지 않을까 싶습니다. 참고로 이명박 씨가 청계천 복원사업을 서울시장 선거 공약으로 내걸었을 때 시민들의 80퍼센트 이상이 찬성했어요. 사업 때문에 장사를 접어야 하는 상인들 일부가 반대했지요. 하지만 이명박 씨는 이걸 많은 반대를 무릅쓰고 설득해서 시민들의 휴식 공간을 만들었다고 홍보한 겁니다. 시장 시절의 치적을 상기시켜 대통령 선거에서도 국민의 지지를 얻으려는 전략이 깔려 있었던 거지요. 이걸 간파한 박근혜 당시 한나라당 대통령 경선 후보도 그래서 운하를 반대했던 거고요.

박창근: 개인의 정략적인 판단 때문에 온 국민이 손해를 보게 된 겁니다. 실제로 이명박 씨는 대통령 취임 초기부터 운하사업에 드라이브를 겁니다. 그런데 애초 계획대로 민자를 유치하지 못해요. 사업성도 없는데 어느 기업에서 뛰어들겠습니다. 그래서 나중에는 국비사업으로 바꿉니다, 그러면서 22조 원이라는 막대한 국가 예산이 투입되는 거죠. 관련 업체, 공무원, 친정부 토목학자 등 몇몇 사람들만 신이 난 거예요.

정부 주도 대규모 토목공사의 폐해

이원영: 이명박 씨 때문에 토목 분야가 욕을 많이 먹는데 박 교수님은 어떻게 생각하시나요?

박창근: 토목학계에서도 반성이 필요한 게 아닌가 합니다. 아까 얘기했다시피 돈이 되는 사업이면 귀신도 잡으라면 잡는 게 토목입니다. 그런 속성을 우리가 냉정하게 짚어봐야 해요. 제가 학부에서 학생들을 가르치면서 느끼는 게 토목학에 인간의 감성을 더해야 한다는 겁니다. 다행히 그런 분야가 하나 있는데 바로 '수문학(水文學, Hydrology)'입니다. 이게 뭔고 하니 '물의 일생'을 다루는 거예요. 저는 수업시간에 수문학을 가르치면서 모파상의 『여자의 일생』을 추천합니다. 공학도에게 소설이라니, 안 어울리긴 하지만 수문학을 이해하는 데 도움이 되거든요. 사람처럼 물도 '인생'이 있습니다. 비가 되어 땅으로 내려왔다가 지하수가 되고, 강으로 흘렀다가 모여서 바다로 가고, 다시 증발해서 순환되는 게 지구의 시스템이잖아요. 수문학을 하다 보면 단순히 물이라는 물질 자체에 머물지 않고 사람과 환경을 거시적으로 보는 눈이 생깁니다. 하지만 이런 인문학적 감성을 기르기에는 턱없이 부족한 게 지금의 토목 교육입니다. 워낙 무미건조해요. 사람 냄새 나는 토목을 해야 할 텐데 여전히 돈벌이를 위한 기술로 인식되고 있어요. 개인적으로 매우 안타까운 대목입니다.

저는 토목학이야말로 인간을 좀 더 안전하고 풍요롭게 하는 학문이자 수단이라고 생각해요. 4대강 사업처럼 강을 망치는 건 올바른 토목이 아닙니다. 강을 보호하고 깨끗한 식수원을 유지할 수도 있는 게 바로 토목이에요. 사회기반시설, 공공재들을 구축하는 것도 바로 토목이지요. 예전에는 토목학에 대한 자부심이 있었습니다. 그런데 이런 믿음이 어느 순간부터 무너지기 시작하더군요. 아마 김영삼 정부 때부터였을 거예요, 신자유주의라는 괴물이 우리나라를 접수하던 시기와 일치하는 것 같습니다. 그때부터 토목 쪽이 망가지기 시작합니다.

정부에서 대규모 토목사업을 추진하고 이 과정에서 '턴키'[2] 방식의 입찰 제도가 도입됩니다. 사업자가 설계에서 시공까지 모두 책임지는 공사 방식이에요. 모든 걸 한 업체에서 해결합니다. 그만큼 남는 몫도 커지지요. 사업자 간 경쟁이 치열해집니다.

2) 턴키(turn key): '열쇠만 돌리면 된다'는 뜻으로 입찰자가 공사를 책임지고 마친 후 발주자에게 완성된 결과물을 넘겨주는 방식이다. 일괄 수주 계약, 설계·시공 일괄입찰이라고도 한다.

문제는 그 과정에서 각종 비리가 생길 소지가 많다는 겁니다. 우선 전문가, 교수들이 비리에 연루됩니다. 입찰 평가 때 뇌물을 받고 높은 점수를 주는 일이 생기는 거예요. 우리나라에서 가장 큰 토목학회인 대한토목학회에서 창립 60주년 기념 토론회를 하는데, 거기서 과거 토목의 영광을 한 번 더 재현하자는 캐치프레이즈가 나와요. 저는 그 자리에서 우리 토목학계가 국민의 사랑을 다시 받으려면 자기 반성이 먼저라고 말했습니다. 난개발과 환경 파괴의 주범이라는 인식에서 벗어나려면 그만한 노력이 필요하다고 생각했습니다. 원래 토목학이 그렇게 비난받을 학문이 아니잖아요. 역사적으로도 오래된 학문이고요.

고대 로마의 경우 당시 공학은 밀리터리 엔지니어링(military engineering)하고 시빌 엔지니어링(civil engineering) 딱 두 개였습니다. 제국을 확장시키려면 무기가 좋아야겠죠. 무기공학이 발달할 만합니다. 그러면 시빌 엔지니어링은 무얼 말하는 걸까요. 도로와 수로 등의 시설을 건설하는 기술을 말합니다. 바로 오늘날의 토목공학이지요.

로마는 다른 나라를 정복하면 제일 먼저 도로를 놓았어요. "모든 길은 로마로 통한다"는 말은 결코 과장이 아닙니다. 인구 백만의 도시에 물을 공급한 것도 바로 그 유명한 로마의 수로였어요. 로마제국의 번성에는 이처럼 토목이 중요한 역할을 했습니다. 이후로 토목은 전기공학, 금속공학, 기계공학, 도시공학, 이렇게 분화해 나가지요.

토목이 인류 역사 발전의 공로자인 셈이에요. 그만큼 대접을 받아 마땅한 학문입니다. 인류의 역사 발전에 세운 공로가 있으니까요. 하지만 요즘 우리들 인식은 어때요? '토목' 하면 '포클레인'이나 '노가다'를 떠올립니다. 왠지 무식하고 환경을 파괴하는 이미지로 그려지잖아요. (웃음) 이런 인식을 바꾸려면 토목학계가 노력해야 합니다. 실제로 환경을 보호하고 우리 삶의 질을 개선하는 데 기여해야 해요. 하지만 현실은 그렇지 못하죠. 소위 학계의 원로라는 분들이 '4대강 사업'을 찬성하고 심지어 홍보까지 했습니다. 처절한 반성이 있어야 해요.

이원영: 우리가 보통 건설 분야를 토목과 건축으로 나누지요. 건축 시장은 민간 분야가 비중이 꽤 큽니다. 그런데 토목 시장은 대부분이 공공 분야예요. 개인이 토목공사를 하는 경우는 드물잖아요. 한다 해도 규모가 크지 않고요. 토목은 중앙정부나 지방자치단체가 사업을 기획하고 발주하면서 시장이 형성된다는 특징이 있어요. 한번 했다 하면 엄청난 돈이 들어가지요.

정부 주도 사업이자 공공사업으로서 규모가 큰 분야가 바로 토목입니다. 정치인들이 리베이트를 받기도 쉽죠. 근본적으로 비리에 취약할 수밖에 없다는 말씀을 드리는 겁니다. 아시다시피 우리나라에서는 1970년대 경부고속도로를 시작으로 그동안 수많은 대규모 토목사업이 있었습니다. 고속도로 이후에 공업단지 조성사업, 간척사업, 신도시 개발사업 등이 있었지요. 그 과정에서 학계, 정부 관료, 토목 사업자 간에 소위 '토목 마피아' 관계가 형성되었고요.

1970년대 중동 개발 붐이 일었을 때 많은 토목회사들이 해외로 갔습니다. 그런데 어느 정도 시간이 지나고 일감이 떨어지자 이들이 정부를 압박하기 시작해요. 학계에서는 업체들의 입맛에 걸맞은 연구 보고 결과를 내놓습니다. 경제 효과 얼마, 미래 성장 동력 어쩌고 하면서 말이지요. 정부도 여기에 호응합니다. 정권이 바뀔 때마다 신도시 개발이니, 고속철도 사업이니 하면서 업체의 요구를 일부 들어주는 한편 자신들의 정치적 치적으로 활용합니다. 그런데 이것도 한계가 있지요. 점점 할 거리가 없어져요. 시골 구석구석까지 웬만하면 다 도로로 연결이 되어 있습니다. 신도시에 아파트는 넘쳐나고요. 대규모 토건사업이 포화 상태에 이르자 토목 마피아들이 새로운 활로를 찾습니다. 그게 바로 하천사업이에요. 하천사업은 다른 사업에 비해서 유리한 점이 많습니다. 일단 민원이 적고요. 보상을 안 해도 됩니다. 하천이라는 게 원래 국가 소유잖아요. 철도나 도로는 부지 확보에만 엄청난 돈이 들어가죠. 주민들의 항의도 끊이지 않습니다. 그런데 하천 공사는 그럴 일이 없어요. 외려 침수 지역에서 벗어난다며 주민들이 환영합니다. 토목 마피아 입장에서 보면 이보다 더 좋을 수는 없는 거예요.

토목공사는 그 속성상 부실 여부를 따지기가 어렵습니다. 공사를 제대로 했는지 안 했는지 바로 알 수가 없어요. 전기나 기계나 이런 건 전문가 혹은 전문 회사에 의뢰하면 딱 결과가 나옵니다. 그런데 토목은 그게 잘 안 돼요. 신도시가 제대로 지어졌는지 고속도로가 제대로 깔렸는지 어떻게 알겠어요. 설령 알려진다고 해도 때는 이미 늦습니다. 일단 공사를 해버리면 그만이에요. 시작하기 전에 막지 않으면 어렵습니다. 그렇게 고속도로에서 시작해서 4대강까지 오게 된 겁니다.

4대강-"전광석화와 같은 속도전"

박창근: 4대강에서 정점을 찍은 거지요. 저는 아까 말한 '정치적 계산'에 대해서 한 번 더 언급하고 싶어요. 알다시피 이명박 대통령이 취임 1년도 안 되어서 정치적 위기를 맞습니다. 2008년 봄 소위 미국산 쇠고기 수입 파동이 일어나지요. 분노한 국민 100만 명이 서울

광장에 모여 촛불을 듭니다. 지지율이 곤두박질쳐요. 정상적인 국정 운영이 어렵게 됩니다. 결국 이명박 대통령은 대국민 사과문을 발표하지요. 그러면서 국민이 반대하면 대운하를 추진하지 않겠다는 이야기도 합니다. 당시 촛불시위 때도 그랬고 운하에 반대하는 국민 여론이 상당했거든요. 그런데 대운하를 그해 연말까지 '하천 정비사업'으로 진행하다가 해가 바뀌고 나서 2009년 초에는 '4대강 살리기 사업'으로 이름을 바꿉니다. 거부감이 큰 '운하' 대신에 다른 이름을 쓰는 꼼수를 부린 거예요.

이원영: 그때 4대강 사업에 22조라는 막대한 예산이 쓰일 거라는 이야기가 나왔죠.

박창근: 네. 2009년 7월에 4대강 사업 마스터 플랜을 발표하고 이를 근거로 22조 원이라는 어마어마한 예산이 편성되지요. 놀라운 것은 그해 말 낙동강에서 착공식을 했다는 겁니다. 구상한 지 6개월 만에 수십조 원 규모의 공사가 시행되는 전대미문의 사태가 발생한 거예요. '마스터 플랜'이라는 게 말 그대로 큰 틀을 잡은 기본 계획이잖아요. 토목 역사상 유래가 없는 사건일 겁니다. 당시 박희태 한나라당 대표가 이를 두고 "문제는 속도전이고 전광석화같이 착수하고 질풍노도처럼 몰아붙여야 한다"고 이야기합니다. 대규모 토목공사에 집착하는 정치인의 모습을 적나라하게 보여준 거예요.

이원영: 환경영향평가 같은 법적 절차가 제대로 지켜지지 않았지요?

박창근: 모든 게 형식적으로 이루어졌어요. 하천법에 근거하여 수자원 장기 종합계획을 수립하고 여기에 따라서 강별로 하천 기본계획과 유역종합 치수계획을 세웁니다. 환경평가는 이것을 바탕으로 하지요. 그런데 정부에서 급조한 계획서를 보니 이와 관련한 내용이 하

나도 없어요. 친정부 성향의 학자들을 고용해서 수개월 만에 짜깁기 해서 만들었으니 당연한 일이죠. 놀라운 건 이런 졸속 계획이 심의를 통과했다는 거예요. 국가하천에 관한 사항은 중앙하천 관리위원회에서 심의하게 되어 있거든요. 그런데 회의록을 보니까 가관입니다. 내로라하는 하천 전문가들이 모였는데도 누구 하나 따지는 사람이 없어요. 기껏 하는 소리가 이거 조금만 고치자, 이런 식입니다. 무슨 얘긴지 아시죠? 이게 우리나라 국가기관 위원회의 실상이에요. 심의는커녕 말도 안 되는 사업에 면죄부를 줍니다.

우리나라 정부기관에는 각종 위원회가 많은데 그 기능이 대략 이런 식입니다. 다시 말해 공무원이 어떤 사업을 구상하잖아요. 그런데 결과가 잘못되면 책임을 져야 합니다. 그래서 어떻게 하느냐 하면 위원회, 자문회 같은 걸 조직해요. 자기들 말 잘 듣는 사람들을 위원으로 위촉해서 심의를 하게 합니다. 나중에 문제가 생기더라도 전문가 탓을 할 수가 있거든요. 우린 할 만큼 했다, 전문가들 자문받아서 한 거다, 이렇게 주장하고 근거자료를 제출하면 법원에서 처벌할 수가 없어요. 말하자면 위원회가 공무원들의 면피용 조직이 되어버리는 거죠.

권한이 큰 토목 분야 공무원들이 특히 위원회를 잘 활용합니다. 정부 예산으로 운용되다 보니 대우도 좋아요. 교수들이 용역을 받겠다고 줄을 섭니다. 중앙부처의 과장급 정도면 엄청난 권한을 갖게 되잖아요. 자기 제자뻘인 공무원 앞에서 교수들이 굽실거립니다. 어떻게든 용역 하나라도 더 받고 싶은 거예요. 그래야 학교에 돌아가면 제자들 앞에서 체면이 설 거 아녜요. 그러니 정부 사업에 대한 비판은 언감생심입니다.

이런 카르텔을 단적으로 보여주는 예가 바로 4대강 사업의 일환으로 진행된 안동댐과 임하댐 연결 사업입니다. 안동댐은 낙동강 본류에 있고 임하댐은 지류인 반변천에 있어요. 홍수기와 갈수기 때 수량을 조절하고자 이 두 개의 댐을 1.8킬로미터 길이의 지하 터널로 연결한다는 거예요. 예산만 1000억 원이 넘게 들어가는 큰 공사예요. 지금 이것 때문에 지역에서도 갈등이 심합니다. 생태계 파괴는 물론이고 사업성을 두고 감사원에서 공사 중단을 권고할 정도였으니까요.

어쨌든 당시 사업을 주관한 수자원공사의 현장 설명회가 있었습니다. 이러이러한 사업을 하려 하니 입찰에 참가하고 싶은 사람들 모이라는 거죠. 그때 설명회에 참여했던 지인으로부터 들은 이야기입니다. 수자원공사가 말하기를 이 공사에 1000억 원가량 들어가는데 사업 타당성 논리를 개발해달라고 했다는 거예요. 이 사업은 턴키 방식이기 때문에 보통 2, 3위를 하여 탈락한 회사에도 설계비를 일정 부분 보전해줍니다. 하여간 황당한 절차를 거쳐 사업의 타당성을 억지 춘향식으로 확보하고 사업을 추진하고 있습니다.

하천사업이라는 '블루오션'

이권이 엄청나다 보니 업체 간 담합도 횡행합니다. 실무자끼리 미리 모여서 입찰 가격을 의논합니다. 요정도 선으로 하자고 합의를 봐요. 서로 못 미더우니까 입찰 들어갈 때 서로 제시할 금액을 공개합니다. 그래도 배신자가 생길 수 있겠죠? 어느 한 쪽이 약속한 가격보다 낮은 안을 제시할 수 있잖아요. 그래서 아예 업체들은 두 개의 안을 가져옵니다. 담합이 깨졌을 경우를 대비하는 겁니다. 돈 앞에서는 아무도 못 믿겠다는 거예요. 그래서 박원순 시장이 이번에 서울시 사업은 턴키 방식으로 안 한다고 했잖아요. 부작용이 너무 큰 겁니다. 물론 장점도 있어요. 턴키 방식이 기술 개발에 유리한 면이 있잖아요. 하지만 어떤 제도든 시행하는 사람이 올발라야 해요. 장점을 충분히 활용하고 발전시켜야 하는데 외려 허점을 파고들면서 제 몫을 챙기려 드는 게 지금 우리 토목계의 현실이에요. 정부 관료와 학계, 사업자들이 카르텔을 형성하고 있습니다. 상호 견제하고 비판해야 할 사람들이 국민을 소외시킨 채 짜고 치는 고스톱판을 벌이는 형국이에요.

토목사업은 개인이 하기보다는 정부가 주로 추진하는 분야기 때문에 많은 전문가가 정부의 정책에 대해 반대 의견을 잘 내지 않습니다. 공무원들이 어떤 사업을 결정하면 엔지니어링 회사가 그 타당성을 입증하고 전문가들이 뒷받침하는 구조로 토목사업이 진행되기 때문에 정부의 입장이 곧 법이죠. 즉, 대부분 토목사업은 합당한 평가 없이 무비판적으로 진행된다는 특징을 가지고 있습니다. 이 과정에서 전문가들이 요소요소에 참여하여 용역을 수행하는데, 발주처는 대부분 공공기관입니다. 그래서 전문가들이 소신 있게 자신의 목소리를 내기가 어렵습니다. 정부 정책에도 바른 목소리를 내기 어렵습니다. 이런 어두운 면이 4대강 사업 같은 데서 적나라하게 드러난 거죠. 재앙이나 다름없는 대규모 토목사업을 벌일 때, 이권 때문에 정부 입장을 대변한 학자들이 한둘이 아닙니다.

방법이 아예 없는 건 아닙니다. 이권을 줄이고 의사 결정 과정을 투명하게 하는 거예요. 지금의 병폐는 이권이 큰 사업을 소수의 무리가 결정하는 데서 옵니다.

예전만 해도 하천은 관심의 대상이 아니었습니다. 내버려두는 게 당연하다고 생각했죠. 그러다 1970년대 후반부터 주변을 정비합니다. 큰 돌로 둑을 쌓거나 콘크리트로 발라요. 근데 우리나라에 하천이 얼마나 많습니까. 수천 개에 이르는 전국의 하천 정비사업에 들어가는 예산이 얼마나 많겠어요. 업자들에게 이런 블루오션이 없어요. 이런 낭비성 사업을 줄여야 합니다.

부처별로 살펴보면 현재 국토부가 한해에 1조 5000억 원, 환경부가 1조 원가량, 소방방재청이 8000억 정도를 하천사업에 씁니다. 국토부는 '고향의 강' 사업, 생태하천 조성·복원 사업을 해요. 환경부는 생태하천 복원사업이고요. 오히려 자연성을 해치면서 이름은 조성사업, 복원사업입니다. 하여튼 이름들은 잘 지어요. (웃음) 그런데 소방방재청은 뭘까요? 여기서 무슨 하천사업을 하죠? 얘길 하자면 깁니다. 노무현 대통령 시절로 거슬러 가지요.

2003년 초에 대구 지하철 방화사건이 일어나죠. 워낙 사건이 크다 보니까 전국적인 관심을 불러 일으킵니다. 정부에서 부처별로 모여서 T/F팀[3]을 꾸려요. 몇 개월에 거쳐 지하철 방화사건을 마무리하고 보니 이 T/F팀이 돌아갈 곳이 없어져버린 겁니다. 옛날 자기 자리에는 이미 다른 동료가 떡하니 자리 잡고 있는데, 비키라고 할 순 없잖아요?

3) task force team의 약어. 새로운 일(프로젝트)을 추진할 때 각 부서에서 선발된 인재들이 임시 팀을 만들어 활동하는 것을 말한다.

그러던 차에 태풍 '매미'가 한반도를 강타해요. 이참에 재난에 대비한 조직을 하나 만들기로 합니다. 소방방재청이 그렇게 해서 탄생해요. 그러면서 자기들 고유 업무를 개발해요. 일단 조직이 만들어지면 자기 권한을 확대하고자 하는 게 관료제의 특징 아닙니까? 그런데 가만히 보니까 하천에서도 재난이 많이 발생하는 거예요. 여름철이면 물놀이 사고로 몇 명이 죽었느니 침수 피해로 무슨 피해를 보았다느니 하는 뉴스가 심심찮게 나오잖아요. 우리나라 주요 하천은 중앙정부가 직접 관리하고 지류는 지방자치단체에서 합니다. 여기서 빠진 작은 하천들을 소방방재청이 관리하기로 한 거예요. 틈새를 찾은 겁니다. 지금 소방방재청 전체 예산의 70퍼센트 이상이 하천사업에 쓰여요. 이게 말이 됩니까? 세월호 사건[4] 같은 재난 상황에서 국민의 안전을 지켜야 할 국가기관이 엄한 곳에 신경을 쓰고 있는 거예요.

4) 2014년 4월 16일 제주도로 수학여행을 가던 단원고등학교 학생과 승객 등 475명(추정)을 태운 여객선 세월호가 전남 진도 해상에서 침몰한 사건. 탑승객 중 약 300여 명이 사망했다. 사건 초기 정부의 무력한 대응과 소극적 구조 작업으로 국민의 공분을 불러일으켰다. 수개월이 지나도록 침몰 원인에 대한 의혹이 해소되지 않는 등 여전히 미해결된 사건으로 남아 있다.

하천 정비사업, 생태하천 복원사업하는 데 1킬로미터당 약 100억씩 들어갑니다. 그러니 생각을 해보세요. 조그마한 지방하천이 보통 40~50킬로미터 되거든요? 얼마나 많은 돈이 들어가겠습니까? 마진율도 크지만 사업 아이템도 무궁무진한 게 하천사업입니다. 홍수 때가 되면 제 책상 위에 상품 카탈로그가 쌓입니다. 새로운 제품들인데 저마다 특허를 받은 제품들이에요. 정부에 자문할 일이 생기면 그때 자기 회사 제품을 홍보해달라는 것이지요. 이문이 많이 남으니 그만큼 경쟁도 치열한 겁니다. 옛날에 한창일 때는 50퍼센트까지 남는 장사였어요. 요즘은 마진율이 20~30퍼센트 정도지만 규모는 예전보다 훨씬 커졌죠. 리베이트도 엄청납니다. 업체나 공무원이나 침 흘릴 수밖에 없는 게 바로 하천사업이에요.

주민들도 그렇죠. 하천 관리 잘해주겠다는 데 누가 반대하겠어요. 게다가 한 번 정비하고 나면 번듯하니 보기에도 좋습니다. 청계천이 이명박 씨를 대통령으로 만들었잖아요. 정치인들 입장에서도 남는 장사인 거예요. 하지만 그 돈이 어디에서 나옵니까? 아무것도 모르고 세금 꼬박꼬박 내는 국민들만 손해인 거죠.

이원영: 그렇죠. 4대강 사업도 처음에는 민간 자본으로 하겠다고 해놓고선 나중에 은근슬쩍 국비로 하겠다고 말을 바꾸잖아요. 사람들이 반대하니까 슬쩍 양보하는 척하면서 정작 중요한 사업비는 국민 세금으로 충당해버린 거예요. 대통령 선거가 있고 나서 이듬해 4월에 총선이 있었잖아요. 이때 이명박 대통령의 공약인 대운하 사업이 이슈가 됐어요. '선거의 여왕'으로 불리던 당시 한나라당 박근혜 대표도 운하에 반대한다고 말할 정도였습니다. 그만큼 국민의 여론이 좋지가 않았던 거죠. 특히 불교계의 반발이 심했습니다.

계획안에 의하면 백두대간을 뚫고 문경으로 길을 내게 되어 있었어요. 그런데 문경에는 봉암사라는 절이 있습니다. 선방에만 스님 수백 명씩 기거하는 큰 규모의 사찰이지요. 이분들이 대운하 계획이 발표되자 서울시청 앞에 모여 시위를 합니다. 일반인도 출입할 수 없는 깊은 산 속에서 수행하는 스님들 코앞으로 터널이 뚫리고 관광객들을 실은 배가 지나다닌다고 상상해보세요. 이렇게 국민들이 너나없이 반대하고 나서자 결국 이명박 씨가 두 손을 듭니다. 대운하 안 한다고 발표해요. 그러면서 뒤로는 나랏돈으로 사업을 추진하게끔 손을 쓴 거예요.

박창근: 맞습니다. 4대강 정비사업은 명백한 국비사업이예요.

이원영: 한반도 대운하 시절엔 민자사업이라고 공표해놓고선 국민적 반대가 심하니까 일단 이름을 바꾸면서 국비로 바꾼 거예요.

박창근: 청와대에서 그런 결정을 내린 거죠.

이원영: 더불어 4대강 사업이 사실상 운하라는 사실도 드러났잖아요.

박창근: 맞습니다. 나중에 4대강 사업이 실질적인 대운하라는 게 밝혀지지요. 2013년 7월 감사원이 4대강 사업에 대한 세 번째 감사 결과를 발표합니다. 요점은 '4대강 사업은 운하를 염두에 둔 사업'이라는 겁니다. 즉 이명박 씨는 2008년 촛불집회 때 국민이 운하를 반대하면 운하사업을 하지 않겠다고 국민을 안심시키고, 뒤에서는 '4대강 살리기 사업'이라는 교묘한 이름짓기를 하여 사실상 운하사업을 추진했던 겁니다. 이에 대하여 청와대 홍보수석 이정현(현재 국회의원) 씨가 '만약 그렇다면 국민을 속인 것'이란 논평을 냅니다.

이원영: 감사원 감사 결과에 앞서 이런 내용이 MBC 〈PD수첩〉에서 나왔었지요.[5]

5) '4대강 수심 6미터의 비밀' (2010년 8월 방영)

박창근: 방송 내용을 보면 원래부터 운하를 염두에 뒀다고 하잖아요. 당시 대통령이던 이명박 씨도 이름은 4대강 사업이라 했지만 머릿속엔 운하였던 거예요. 민자든 국비든 권력자로선 상관없었겠죠. 사업성이 워낙 떨어지다 보니 사업자를 모집하기도 어려웠을 테고요.

이참에 슬쩍 국민들 눈을 속여보자는 심산이었을 겁니다. 그러면서 대운하 계획이 기묘하게 재정사업으로 탈바꿈하게 된 거예요. 업자들 입장에서 보면 이건 해볼 만한 사업입니다. 예컨대 민자도로 같은 경우 수익이 안 나면 최소 수익을 보장해주잖아요. 보통 그런 식으로 업자들을 유인하는데, 이건 훨씬 조건이 좋지요. 공사 끝나면 딱 대금을 받게 되니까요.

이원영: 그러다가 결국 탄로가 난 겁니다.

박창근: 정부와 토목계가 한패가 되어 국민을 속인 거예요. 그러나 언젠가 진실은 밝혀지기 마련입니다.

2부 – 강은 흘러야 한다

한국의 강은 자연이 내린 축복

이원영: 이번에는 좀 더 근원적인 이야기를 나눠볼까 합니다. 우리가 4대강 사업에 반대하고 계속 문제 제기를 하고 있는데요, 그만큼 강이 중요하다는 말 아니겠어요? 인류 문명이 강을 중심으로 발생한 것도 그렇고 하천 생태계야말로 인간의 생존과 밀접한 관계에 있다는 생각이 듭니다. 우리에게 강이란 무엇일까요?

박창근: 제가 공학도이다 보니 문명이나 인류 같은 거창한 주제에 대해 말씀드리기는 어렵습니다. 다만 제 경험에 비춰 몇 가지 말씀을 드릴 수는 있겠네요. 모두가 알고 있듯 우리나라는 사계절이 뚜렷합니다. 여름에 비가 많이 오고 겨울은 비가 적게 옵니다. 우기와 건기가 뚜렷하다 보니 하천 생태계도 역동적입니다. 계절에 따라 유량의 차이가 크죠. 갈수기에 말랐다가 여름철이 되면 홍수가 지는 하천이 부지기수예요. 지질의 특성도 있습니다. 우리나라는 화강암이 많아요. 그래서 백사장이 잘 발달해 있죠. 하천 바닥도 모래들이 다양한 형태로 쌓여 있습니다. 그래서 수심이 깊은 데도 있고 얕은 데도 있죠. 환경에 따라 서로 다른 생명체들이 그 안에서 살아갑니다. 풍성하고 다양한 생명이 어우러져 사는 곳, 그게 바로 우리의 강인 거죠.

우리의 강은 매우 아름답습니다. 옛 선조들의 그림에 보면 달빛 아래 굽이쳐 흐르는 강의 풍경도 나오고, 그 안에서 사람들이 멱을 감는 모습도 나옵니다. 얼마나 아름답고 정겹습니까. 이런 강이 점점 망가지기 시작한 것은 우리나라에 '산업화'가 도래하면서입니다.

대표적인 게 댐이죠. 현재 우리나라에 크고 작은 댐이 약 1만 8000개 정도 있습니다. 보(洑)도 그 정도 되고요. 이런 것들이 하천 생태계에 엄청난 영향을 끼쳐요. 댐에 의해서 강이 막히잖아요. 생태계 자체가 파편화됩니다. 예컨대 상류에서 쓸려 내려온 퇴적물들이 하류에 쌓이잖아요. 이런 것들이 비옥한 땅을 이루면서 그곳에 백사장이 들어서게 되는데 댐이 생기면서 이 과정이 차단됩니다. 우리나라 강이 예전부터 지니고 있던 아름다운 모습을 죄다 망가뜨린 주범이 바로 댐이에요.

이원영: 특히 우리나라 하천은 모래가 좋지요.

박창근: 홍수가 나도 백사장은 늘 그 자리에 있어요. 이유는 어떤 지점에서 볼 때 쓸려나가는 만큼 다시 쌓이기 때문입니다. 빠지는 양이 100이면 새로 공급되는 게 100, 이런 식으로 모래사장이 유지됩니다. 그러면서 아름다운 풍광을 이루게 되지요. 그런데 댐이 생기면 이 모든 게 불가능해집니다. 새로 유입되는 모래도 없고 쓸려나가는 양만큼 새로 채워주지 못합니다. 그러니 모래는 쓸려 내려가고 큰 자갈이나 암반이 나타나 강바닥을 이루게 됩니다. 우리나라 대부분 댐 하류 지역에서는 이렇게 암반이 노출되는 등 생태계가 황폐화되고 있습니다.

이원영: 댐을 만들기 전에, 최근 100년까지만 해도 홍수는 일상적이었지요. 물론 주변에 사는 사람들로선 피해가 이만저만이 아니었겠지만, 자연 생태계로선 유익한 사건이었습니다. 범람을 통해 쌓인 퇴적물들은 자연 퇴비 역할을 합니다. 주변 평야지대의 땅이 비옥해지지요. 인간에게도 이익이에요. 농작물의 생산성이 높아집니다. 사실 이런 메커니즘은 하천 생태계에서 중요한 생존 조건이었습니다. 근데 어느 순간부터 인간이 이를 인위적으로 조절하기 시작했어요. 인구밀도가 높아지면서 상대적으로 평야지대에 거주하는 사람들이 많아집니다. 그러면서 침수 위험에 인공적인 제방을 쌓게 되죠. 마침내 콘크리트로 댐을 짓습니다. 그 결과 수천 개의 댐이 강을 가로막게 되고 마침내 4대강 사업 같은 괴물도 출현한 거죠. 지금도 여전히 댐을 지어야 한다고 주장하는 분들이 많은데요. 그 이유로 주로 식수 공급과 홍수 조절을 말합니다. 정말 댐 이외에는 방법이 없는 걸까요?

박창근: 유럽은 석회암 지대가 많습니다. 강물도 뿌옇고 이물질이 많아서 바로 식수로 사용할 수가 없어요. 그래서 정수가 필수입니다. 보통 우리가 강에서 보는 깨끗한 물을 그쪽 나라에서는 찾기 어려워요. 우리는 예전에 강물을 바로 떠먹기도 했잖아요. 유럽에는 강물을 바로 식수로 사용하지 못하는 나라가 많습니다. 독일 같은 곳에서 맥주가 발달한 이유입니다. 물을 끓여서 곡물을 섞어 발효시킨 상태에서 식수로 사용한 겁니다. 유럽인들에게 식수 확보는 매우 중요한 문제였어요.

제가 최근에 네덜란드에서 강변여과 정수시설을 보고 온 적이 있습니다. 이들은 자연 여과된 라인강 물을 식수로 사용하고 있었어요. 한때는 라인강 오염이 굉장히 심했어요. 오염은 상당히 완화되었지만 라인 강 물을 식수로 그대로 사용할 수 있는 상황이 아니었습니다. 저는 모래를 이용한 정수시설을 둘러보면서 그들에게 강이 얼마나 중요한 존재인지를 실감했어요. 어쩌면 우리는 너무 가까이 있어서 소중함을 잊고 있는지도 몰라요.

이원영: 우리나라는 아까 말씀하신 대로 화강암 지대라서 모래가 많습니다. 그런데 이 모래에는 자연 정수 능력이 있습니다. 화강암이 운모, 장석, 석영 이런 걸로 이루어져 있는데 이 중 운모와 장석은 그 안에 모공이 많아서 이물질을 걸러내요. 우리의 강이 스스로 물을 깨끗이 하는 능력을 가졌다는 겁니다. 그런 의미에서 우리의 강은 축복이죠. 그런 소중한 강들이 대규모 토건사업으로 몸살을 앓게 되었다는 사실이 무척 안타깝습니다. 분명히 생태계를 지키면서 자연 친화적인 개발을 할 수도 있었을 텐데 말이죠. 댐을 막아서 상수원을 취하는 것이 아니고 말씀하신 것처럼 자연적인 여과 방식을 통해 식수를 얻을 수도 있다는 거죠. 인공적으로 제방을 쌓는 게 아니라 자연스러운 범람을 막지 않으면서 그 피해를 최소화할 방법을 찾을 수 있지 않을까요?

인간 중심적인 개발로 지금 강의 생태계가 거의 파괴된 상태예요.

이를 되살리고자 추진해온 것이 지금까지의 하천 정비사업이었는데, 이명박 정권이 이걸 운하사업으로 바꾸면서 치명상을 입은 겁니다. 강은 다시 예전의 모습을 되찾을 수 있을까요?

강을 망치는 하천 정비사업

박창근: 우선 해야 할 것은 쓸데없이 혈세를 낭비하는 하천 정비사업에 대한 전면 재검토입니다. 지금 우리나라 하천 정비율이 80퍼센트입니다. 겨우 20퍼센트 정도의 하천이 사업 대상으로 남아 있는 셈인데요. 사업 내용을 들여다보면 실망스러울 때가 많습니다. 아까 얘기했다시피 '고향의 강' 사업, 생태하천 조성 · 복원 사업이 있고요. 그다음에 소하천 정비사업이라는 게 있습니다. 이건 말 그대로 각지에 있는 작은 하천에 제방을 쌓거나 하는 일이에요. 이 외에도 다양한 작업들이 소위 하천 정비사업이라는 이름으로 행해지고 있습니다만, 대개 옛날에 정비했던 걸 뜯어고치는 식이에요. 명목은 기존의 하천을 자연형 하천으로 만든다는 것입니다. 그런데 실제로는 철저한 인공형 하천을 만들고 있어요. 엄청난 예산을 들여서 말입니다. 말 따로 행동 따로인 거예요.

이원영: 엉터리 사업도 많았지요.

박창근: 물론입니다. 이명박 씨가 대통령 재임 시절 '국민과의 대화'라는 걸 한 적이 있습니다. TV를 통해 생중계됐습니다. 주변에서 하도 소통 부재다 뭐다 하니까 마지못해 '대화'하는 시늉이라도 해야 했던 모양이에요. 세종시 문제부터 4대강 사업에 이르기까지 주제도 다양했습니다. 그때 이명박 씨가 로봇 물고기를 풀어서 하천 수

질을 관리하겠다는 발언을 해서 한동안 조롱거리가 되기도 했잖아요. 실제로 한국생산기술연구원에서 60억 원이나 들여서 이걸 개발했어요. 그런데 아직도 투입되지 않고 있습니다. 최근 감사원 감사 결과 개발된 물고기 아홉 개 중 일곱 개는 불량품이고 나머지 두 개도 함량 미달이라고 발표했지요. 결국 예산 낭비만 했다는 소리입니다. 대통령이 시키니까 하기는 했는데 실제로 써먹으려니 문제가 많은 거예요.

아무튼 그랬는데, 생중계가 되기 직전에 문화관광부에서 연락이 왔어요. 대통령이 국민과 소통을 할 계획인데 대통령이 하는 말에 대하여 어떻게 생각하는지 평가해달라는 내용이었습니다. 전문가로서 의견을 달라는 것이지요. 해서 몇 가지 얘기를 했는데, 그때 했던 이야기도 바로 예산 낭비 문제였습니다.

매년 하천 정비사업에 3, 4조 원씩 들어가는데 그 돈을 복지나 민생에 쓰면 얼마나 좋아요. 돈 들여서 자연을 훼손하는 이런 일을 언제까지 두고 봐야 합니까? 강은 자연스레 흘러야 합니다. 외국은 이미 그 중요성을 깨닫고 자연 상태를 유지하는 데 힘을 쏟고 있어요. 독일과 네덜란드를 가로지르는 라인강만 해도 그래요. 수질을 관리하고 생태계를 유지하는 데 집중합니다. 한동안 심각한 공해로 시달렸던 유럽인들은 자연 생태를 유지하는 게 얼마나 중요한지 잘 알고 있어요.

우리의 경우는 어떻습니까. 일제강점기에서 박정희 정권을 거치면서 열심히 제방을 쌓았습니다. 농사지을 땅을 늘려야 했으니까요. 먹고살기 어려운 시절이었으니 이해도 갑니다. 보릿고개라는 말이 있을 정도로 빈궁했던 시절이니 하천변에 농토를 만들어서 쌀 한 톨이라도 더 생산하는 게 당시 우리 사회의 묵시적 합의였다고 생각해요. 하지만 지금은 상황이 달라졌잖아요.

이제라도 하천을 있는 그대로의 모습으로 돌려놓아야 합니다. 다행히도 노무현 정부 때, 하천 정비의 기본 방향을 그런 식으로 전환했어요. 그러다 이명박 정부 들어서서 완전히 예전으로 돌아갑니다. 외려 더 심한 자연 파괴 정책으로 바뀌어요. 그전까지만 해도 선진국처럼 자연 친화적인 하천사업으로 가고 있었거든요. 지금 박근혜 정부도 마찬가지입니다. 기본적으로 이명박 정부의 4대강 사업과 다를 바가 없어요. 개발 위주입니다. 왜 이런 실수를 반복하는지 모르겠어요.

이원영: 그래야 돈이 생기니까요. (웃음)

박창근: 그래요. 결국은 인간의 탐욕이 재앙을 부추기는 겁니다. 지금 다른 나라에서 하고 있는 정책들을 참고하고 배워야 해요. 그들도 사실은 우리가 지금 가고 있는 길을 거쳐간 거 아닙니까. 실패를 겪고 나서 아, 이래선 안 되겠다고 반성하고 나선 거예요. 우리는 그들이 했던 실수를 하지 않아도 되는 건데 말입니다. 우리 사회가 압축적으로 성장했기 때문에 유리한 면이 있어요. 그들의 한계를 미리 뛰어넘을 수도 있는 거죠.

이원영: 어찌 보면 너무 정치적으로 사업을 추진하는 면이 있는 것 같습니다.

박창근: 이명박 정부가 4대강 사업을 추진하는 데는 이권을 따내려는 토목계의 요구도 있었겠지만, '노무현 지우기'의 일환으로 그렇게 된 측면도 있습니다. 자기들은 무조건 반대로 가겠다는 거예요. 옳고 그름은 그다음 문제입니다. 상대가 잘한 것은 받아들이고, 비판하고 개선할 것은 바꾸고 해야 하는데 자기의 정치적 입지를 위해 이전 정부의 정책에서 180도 방향을 튼 거예요. 그렇게 정부 정책의 무게중심이 보전에서 개발로 간 겁니다.

이원영: 세밀하게 검토해야 할 것 중에 또 하나가 바로 수질 문제 아니겠습니까. 예전에는 홍수가 만연하기는 했어도 논농사 자체는 괜

찮았어요. 벼는 며칠 물에 잠겨도 견딜 수 있거든요. 예컨대 제방이 농경지를 보호하는 역할은 그리 크지 않았다는 거지요. 홍수 피해를 막고자 제방을 쌓았지만 외려 농사에 문제가 생기기도 했고요. 밭농사가 그렇죠. 제방을 쌓으면 강의 수위가 올라가잖아요. 덩달아 지하수 수위도 높아집니다. 그래서 시설 재배를 하는 농가는 침수 피해 가능성이 높아져요. 수박 같은 작물은 뿌리가 물에 닿으면 바로 썩어버립니다. 그런데 이런 것들이 대부분 고소득 작물이잖아요. 이것저것 따져보면 결국 손해인 거예요. 그래서 무작정 제방을 쌓기보다 하천 생태계를 살리면서 이를 농사에 유용하게 활용하는 방식으로 가야 해요. 생태와 산업을 좀 더 넓은 시각에서 보고 판단해야 한다는 겁니다.

박창근: 토목에서 하천 정비의 역사는 오래되었어요. 옛날부터 추구했던 원칙이 있습니다. 하천 정비에는 국토 공간, 하천 공간에 대한 나름의 논리와 원리가 세워지고 이런 것들이 사업에서 존중되어야 해요. 4대강 사업은 이런 것들을 깡그리 무시하고 포클레인부터 들이민 경우예요. 다시는 그와 같은 일이 벌어져서는 안 됩니다.

시민사회, 4대강 사업에 제동을 걸다

이원영: 동감입니다. 자, 그럼 이제부터는 우리가 어떻게 대응해야 할지에 대한 이야기를 나눠야겠는데요. 선생님께서는 대운하 반대 운동 초창기 이야기를 잠시 하셨는데요. 당시 전국적인 교수 모임이 발족했고 종교계와 학계, 시민단체가 여기에 힘을 보탰습니다.

박창근: 그랬죠. 이후에도 국민소송단을 꾸리는 등 조직적인 저항이

있었습니다. 그 부분에 대해서는 이 교수님께서도 해주실 말씀이 많을 거 같은데요.

이원영 : 그러면 제가 잠시 말씀을 드려볼까요. 2007년도 선거에서 이명박 씨가 대통령에 당선되고 이듬해 이명박 정부가 출범합니다. 그러면서 22조를 들여서 4대강 사업을 하겠다고 공식적으로 발표하지요. 운하반대 교수모임이 발 빠르게 움직입니다. 반대 운동의 일환으로 국제세미나를 개최합니다. 미국, 독일, 일본 등 세계 여러 나라에서 온 학자들과 많은 이야기를 나눴습니다. 그런데 세미나를 진행하다 보니 조금 어색한 거예요. 다양한 의견을 주고받는 학술회의를 '반대' 모임에서 주최하니 모양새가 좋지 않습니다. 이 문제를 연구할 객관적인 단체를 만들자고 했습니다. 그래서 생긴 게 대한하천학회였지요. 2008년도 8월에 서울대학교에서 예비 모임을 갖고 9월에 정식으로 발족했습니다. 회장으로 서울대학교 김정욱 교수가 선출되었고, 박창근 교수께서 부회장을 맡았죠. 이후 하천학회 주체로 세미나도 개최하고 언론에 보도자료도 보내고 그랬습니다. 저는 이 일을 하면서 환경운동에서 전문가의 역할이 매우 중요하다는 것을 깨달았습니다.

2009년 가을에는 '4대강 사업 저지를 위한 국민소송단'이 발족합니다. 당시 주체 세력은 운하반대 교수모임, 다른 하나는 민변(민주사회를 위한 변호사 모임) 환경위원회, 그다음이 환경단체들이었습니다. 이 세 그룹이 합동으로 국민소송단을 결성해서 그해 11월 법원에 사업 취소 소송을 제기하지요.

4대강 권역별로 담당 변호사를 정하고 교수님들이 위법성을 증언하기 위해 수도 없이 법원을 들락거렸습니다. 그 과정에서 재밌었던 건, 당시 중앙대 이상돈 교수가 운하반대 교수모임 공동대표로 들어오면서 소송단의 공동단장이 되었다는 겁니다. 시민사회에서도 민주노총 부위원장이 공동단장으로 참여했지요. 이상돈 교수는 온건한 보수주의자로 평가되잖아요. 그래서 보수와 진보가 한목소리를 내는 진풍경이 연출된 겁니다.

박창근: 저는 4대강 사업 중 낙동강 권역 소송에 참여했습니다. 결론부터 말씀드리자면, 당시 부산고등법원에서 열린 2심에서 4대강 사업은 국가재정법 위반이라는 판결이 났어요. 이유는 예비타당성 조사를 안 했기 때문입니다. 사업을 추진하면서 시행령을 바꿔서 건너뛴 겁니다. 절차에 하자가 있는 거예요. 2008년 초로 기억되는데 당시 이명박 정부는 국무회의에서 급히 국가재정법 시행령을 바꾸었는데, 홍수예방 사업은 예비타당성조사를 받지 않아도 되도록 했죠. 그러나 홍수 위험시설은 반드시 예비타당성 조사를 해야 하거든요. 저희는 4대강 사업의 보가 여기에 해당한다고 주장했고 재판부가 이를 받아들인 겁니다.

설득하는 데 쉽지 않았습니다. 이런저런 데이터도 보여주고 쉽게 풀어서 설명도 해가면서, 보는 홍수위험을 낮추는 구조물이 아니고 외려 증가시키는 구조물이라는 점을 강조했습니다. 결국은 재판부가 이를 인정하고 사업이 위법하다고 판단한 거예요. 하지만 안타깝게도 공사는 취소할 수 없다며 집행정지 신청은 기각했습니다. 위법하기는 하지만 공사 자체를 멈출 수 없다는 이상한 결론인 거죠. 그나마 사업 자체에 위법성이 있다는 것을 법원에서 인정했다는 데 의미를 두고 있습니다.

이원영: 낙동강 소송 1심 때도 재밌는 사건이 있었죠?

박창근: 그랬죠. 1심 때만 해도 정권 초창기라 권력의 서슬이 시퍼럴 때였죠. 당시 판사가 '우리법 연구회' 회원이라는 사실이 언론에 알려지면서 말이 많았습니다. 결국 이분이 눈치가 보였는지 국토해양부 장관과 한국수자원공사 사장을 상대로 낸 하천공사 시행계획 취소 청구소송을 기각합니다.

이원영: '우리법 연구회'라면 진보적 판사들로 이루어진 모임 아닌가요?

박창근: 네, 그래서 저도 나름 기대하고 있었습니다. 양심과 상식에 따라 소신껏 판결할 수 있을 거로 봤죠. 4대강 사업은 누가 봐도 문제가 있잖아요.

이원영: 그때 현장검증도 했지요.

박창근: 저희도 논리적으로 빈틈이 없도록 준비를 많이 했습니다. 세간의 관심이 쏠려 있던 터라 소송을 제기한 쪽이나 방어하는 쪽이나 다 긴장했죠. 저는 무난히 승소할 거로 생각했습니다. 그런데 막상 뚜껑을 열어보니 결과가 영 아닌 거예요. 실망이 컸습니다. 판결문이 100쪽 가까이나 될 정도로 판사도 고민을 많이 했더라고요.[6)]

6) 이 재판에서 4대강 사업을 반대하는 시민 · 학계 전문가 1819명이 '낙동강 살리기' 사업을 취소해 달라며 국토해양부 장관과 한국수자원공사 사장을 상대로 낸 하천공사 시행계획 취소 청구소송이 기각된다. 재판부는 "원고들이 제출한 증거들만으로는 피고들이 대운하 사업을 계획하고 있다고 인정하기에 부족하다"면서 "홍수 예방과 수자원 확보라는 사업 목적의 정당성이 인정되고, 이를 위한 사업 수단의 유용성이 인정된다"고 했다. 또한 정부가 국가재정법이나 하천법, 한국수자원공사법을 어겼고 시·도지사와 협의를 거치지 않아 절차에 문제가 있다는 원고 측 주장도 받아들이지 않는다.

수자원공사와 국토부의 명예훼손

이원영: 당시만 해도 정권 차원에서 총력전을 펼쳤으니까요. 엄청난 회유와 압박이 있었을 겁니다.

박창근: 이해합니다. 저도 그런 일을 겪었거든요. 어느 날 고위 공무원 한 사람이 저를 만나자고 해요. 나중에 보니까 그분이 정종환 후임으로 국토부 장관을 하고 있더라고요. 여하튼 당시에는 직급이 국토부 제1차관이었습니다. 국토부에 차관이 둘이 있는데 1차관은 행정직이고 2차관은 토목직이에요. 이분은 이력이 특이한 게 전공은 토목을 했는데 행정대학원 다니면서 행정고시에 합격한 거예요. 서울 모처에서 만났는데, 이분이 저한테 함께 일해볼 생각이 있느냐고 해요. 정부에 좋은 자리 하나 만들어놓을 테니 들어오라는 겁니다. 근 두 시간 동안 그 얘기를 했습니다.

이원영: 뭘 그렇게 오래 이야기를 했어요? 단칼에 잘라버리지. (웃음)

박창근: 일단 얘기는 들어봐야 하잖아요. (웃음)

이원영: 실제로 그렇게 넘어가신 분들이 많이 있잖아요.

박창근: 그렇죠. 대표적으로 생태학자였다가 4대강 사업 전도사로 변신한 차윤정(전 4대강 살리기 추진본부 환경부 본부장) 씨가 있죠. 제가 국토부 차관을 만나고 나서 채 한 달이 안 되었을 때 임명됐죠. 일전에 차관이 제안한 자리가 그 자리였구나 생각했죠. 하여간 이분은 제가 개인적으로 잘 알아요. 제 여동생 고등학교 동기이기도 하고요. 제가 동생하고 여섯 살 차인데 그때 자주 봤어요. 집에 놀러 온 적도 몇 번 있고요. 한동안 못 보다가 한겨레신문사에서 주최하는 토론회

에 패널로 참석했을 때 딱 마주친 거예요. 당시 심명필 4대강 살리기 추진 본부장을 수행하고 있었죠. 그런데 낯이 익다는 느낌이 들었어요. 어디서 봤더라 하고 고민하고 있는데, 갑자기 저더러 "오빠 저 모르시겠어요?" 하는 거예요. (웃음) 아무튼 누구는 저쪽 편에 서서 승승장구하는데 저 같은 사람에게는 고소장이 날아옵디다.

2012년 6월쯤일 거예요. 제가 당시 일이 있어서 유럽 출장을 갔는데 대전에 있는 대덕경찰서에서 전화가 와요, 당신 고소당했다고.[7] 그래서 일단 귀국하고 찾아간다고 했더니 그러면 귀국해서 수서경찰서로 가라고 합니다. 제가 사는 곳이 그쪽이거든요. 대덕경찰서 측에서 이 사건이 부담스러웠던 거 같아요. 아무래도 정치적으로 민감하니까. 저야 뭐 겁날 건 없었습니다. 떳떳하니까요.

7) 2012년 6월 20일 한국수자원공사가 박창근 교수를 고소한 사건을 말한다. 수자원공사는 대덕경찰서에 박 교수를 허위사실 적시에 의한 명예훼손 혐의로 고소하였는데 공사가 4대강 사업과 관련해 개인을 고소한 것은 처음이었다.

어쨌든 한국에 돌아와서 조사를 받으러 갔는데 그때 4대강 국민소송단 소속 변호사 두 분(임통일 · 최재홍 변호사)이 동행을 해주었습니다. 그랬더니 경찰이 당황해요. 양쪽에 변호사를 끼고 있으니 얼마나 조심스럽습니까. (웃음) 제가 질문에 답하면 일일이 변호사가 정정하고 확인까지 해줍니다.

당시 국민들 관심도 대단했습니다. 한번은 아침 10시에 조사받으러 가는데 방송국에서 취재를 온 거예요. 설마 저렇게 많은 기자들이 나 때문에 모였을까 싶었는데 그건 아니었습니다. 공교롭게도 그때가 권은희 수사과장이 국정원 수사 외압과 관련해서 기자회견을 하는 날이었던 거예요. (웃음)

아무튼 그래서 당시 많은 분의 도움을 받았습니다. 어차피 재판에서 결정이 날 테니 경찰이나 검찰 측 조사는 별로 신경 쓰지 말라며 위로해주는 분도 있었습니다. 어떤 분은 와서 밥을 사겠다고 해요. 아무래도 경찰서 들락거리는 일은 귀찮고 고생스럽잖아요. 힘이 되고 싶다는 겁니다. 고마운 일이지요. 그래서 나름 기운도 얻고 그러면서 조사를 받는데, 황당하게도 고소가 또 들어온 거예요. 이번엔 국토부랍니다.

이원영: 내용이 뭐죠

박창근: 앞서 수자원공사가 고소한 건이랑 거기서 거기예요. 허위사실 유포해서 자기들 명예를 훼손시켰다는 겁니다. 같은 건을 두고 두 곳에서 앞서거니 뒤서거니 고소한 거예요. 결국 처음 사건은 검찰로 넘어가서 무혐의를 받았습니다. 국토부 건은 제가 사건 관할을 가톨릭관동대가 있는 강원도 강릉경찰서로 옮겼습니다. 왔다 갔다 고생 좀 했지요. 아무튼 그래서 이번엔 강릉으로 갔죠. 그런데 이전과 분위기가 사뭇 달라요. 준비를 많이 했더라고요. 그 사건이 말도 안 된다는 것을 경찰이 알고 있었다는 느낌을 받았습니다. 그 무렵 박원순 서울시장을 국정원에서 명예훼손으로 고소했는데 법원에서 국가기관은 명예가 없기에 고소가 성립하지 않는다는 판결을 했지요. 그것을 의식했던지 수자원공사는 4대강 본부장인 정남정 씨를 대리인으로 내세워 저를 고소했지요. 본부장 개인의 명예가 훼손되었다나. 참 한심하기도 하고 불쌍하다는 생각도 들었죠. 어딘지 모르지만 높은 곳에서 지시가 떨어졌겠지요. 저를 골탕 먹이라고.

이원영: 정부 측에서 여러모로 무리수를 두었군요.

박창근: 그래도 조사는 잘 끝났습니다. 그런데 이듬해인가 제가 사고를 당했어요. 2013년 2월에 낙동강 달성보에 조사차 갔다가 미끄러져 다쳤습니다. 제방에 진흙이 있잖아요. 이게 얼어붙은 거예요. 상당히 미끄럽더라고요. 망원경을 매달고 앞으로 넘어지는 바람에 갈비뼈가 나갔어요. 하나는 부러지고 하나는 금이 갔습니다. 당시 수자원공사 쪽 사람도 있었거든요. 아, 이건 숨이 막힐 정도로 아프긴 한데 창피해서 소리는 못 내겠고 참 힘들더라고요. (웃음) 병실에 누워

있다가 국토부가 제기한 명예훼손 소송에서 무혐의 처분이 떨어졌다는 소식을 들었습니다. 그런데 잠시 후에 국토부 장관한테 문자가 왔습니다. 어떻게 알았는지 저더러 몸조리를 잘하래요. 그게 끝이 아닙니다. 이번에는 수자원공사 사장 이름으로 과일바구니가 와요. 이건 병 주고 약 주는 것도 아니고…. 돌려주자니 사장도 체면이 있고 해서 죄다 간호사들에게 줘버렸죠, 뭐. (웃음) 결국 명예훼손 관련된 소송에서 두 건 모두 무혐의 처분을 받았습니다.

토건사업과 '일자리 창출'이라는 신화

이원영: 이번엔 주제를 좀 바꿔볼까요. 저희가 4대강 사업에 대해 반대하면서 많은 근거를 제시하지 않았습니까? 그런데 한강, 낙동강, 금강과 달리 영산강 사업에 대해서는 그 필요성을 말하는 논리가 만만치 않았거든요. 박 교수께서는 영산강에 대해서 어떻게 생각하십니까?

박창근: 그 부분에 대해서는 저도 잘 알고 있습니다. 하지만 당시 영산강 사업은 필요성이 없었습니다. 강 하구에 하굿둑이 건설돼 수질이 악화된 상황이었기에, 하굿둑만 없애면 되는 상황이었습니다. 당시 제가 내세운 게 바로 '3단계 속도 조절론'이에요. 초기에 보니까, 아무래도 정부에서 강하게 밀어붙일 거 같았어요. 말이 통하지 않는 상황인 거예요. 그래서 다음과 같은 논리로 대응했습니다. 우선 영산강이나 금강부터 하고 난 다음에 평가를 해보고, 정말 강이 살아나면 그때 다른 강으로 사업을 확대하자는 겁니다. 두 강은 한강이나 낙동강과 비교하면 규모도 작고 생활용수로 취수하지 않기 때문이지요. 이랬다가 광주환경운동연합으로부터 엄청난 항의를 받았습니

다. 왜 하필 영산강이냐고 말이에요. (웃음)

당시 박준영 전남도지사는 영산강 수질을 개선하기 위하여 영산강사업을 해야 한다면서 4대강 예찬론을 폈지요. 당시 나주지역 국회의원이었던 최인기 씨도 4대강 예찬론자였습니다. 모두 민주당 소속 아닙니까? 전라도에서는 민주당이 한나라당이라는 느낌을 받았지요. 공천만 받으면 당선되는 지역 구도를 탈피하지 못한 민주당의 한계를 보았습니다.

이원영: 뭔가 정부로부터 양보를 받아낼 수 있다고 생각하신 건가요?

박창근: 관료들을 겨냥한 겁니다. 저는 애초에 영산강이든 금강이든 4대강 사업 자체가 불가하다는 생각엔 변함이 없었고요. 그런데 청와대가 워낙에 드라이브를 강하게 걸잖아요. 수자원공사나 국토부나 어쩔 수가 없는 거예요. 보스 말을 들어야 하는 입장이니까요. 자기 모가지가 왔다 갔다 하는데 별수 있겠어요. 그래서 그렇게라도 보스를 설득해보라는 거죠.

그리고 저는 일단 어디든 사업이 완료되면 분명히 문제가 발생할 거로 봤습니다. 제가 한강을 평가해보니까 홍수 때 하천 수위와 제방 높이가 2미터 차이가 안 나는 부분이 전체의 3~4퍼센트밖에 안 돼요. 지금 당장 제방이 넘치는 것도 아니고 여유가 다른 곳에 비해 적은 부분이 그 정도라는 겁니다. 그거 막자고 수조 원을 퍼붓는다는 건 빈대 잡자고 초가삼간 태우는 거예요. 외려 문제는 다른 데서 옵니다. 지금 낙동강 같은 곳에는 균열이 생긴 보가 대여섯 개씩이나 돼요. 안전을 위해서 세웠다는 시설물 자체가 안전을 위협하는 형국이에요. 수질은 또 어떻습니까. 최근까지 소위 '녹조라테' 현상[8]이 문제시되었죠. 요즘은 큰빗이끼벌레 창궐이 연일 뉴스에 올라오잖아요. 뻔하게 예견된 일입니다. 만

8) 하천의 부영양화로 남조류가 크게 늘어 물빛이 녹색으로 변하는 현상을 음료 '녹차라테'에 빗대어 표현한 말.

약 영산강이나 금강에 먼저 해보고 이런 현상이 사전에 인지된다면 저는 국민 여론을 봐서라도 사업을 접을 수밖에 없을 거로 생각했던 거예요.

그런데 지금 박근혜 정부는 여기에 아무 생각이 없어 보여요. 이명박이 망쳐놓은 걸 되돌릴 생각은 안 하고 그냥 방치하고 있습니다. 이명박이 나쁜 방향으로 속도전을 전개했다면 박근혜 정부는 방향도 없고 속도도 없이 가만히 있는 거예요.

이원영: 잘못 간 길이라면 돌아와야 하는데 말이에요.

박창근: 대표적인 게 녹조 대책입니다. 4대강 사업이 대규모 녹조 발생의 원인을 제공했다는 점은 환경부에서도 인정하는 분위기예요. 문제는 정책입니다. 그러면 이걸 막아야 하잖아요. 그런데 아무것도 안 해요. 해결이 그렇게 어렵습니까? 그냥 수문 열어버리면 돼요. 강물이 흐르게 하면 됩니다. 물이 고여 있으니 부영양화가 되고 그래서 녹조가 생기는 거잖아요.

이원영: 보 자체를 없애야죠.

박창근: 그렇습니다. 일단 닫힌 수문을 열고 그다음에 보를 해체하던가 해서 급한 불부터 끄는 거예요. 그런데 지금 정부가 하는 꼬락서니를 보면 참 한심해요. 영 갈피를 못 잡는단 말이죠. 무슨 눈치를 보는 건지…. 4대강 사업으로 인한 수질 개선 효과가 겨우 이거냐는 세간의 비아냥거림을 알고나 있는지 모르겠습니다. 고인 물은 썩는다는 평범한 진리를 22조 원이나 들여가면서 확인한 거예요. 지금이라도 늦지 않았어요. 차근차근 문제를 해결해나가면 됩니다.

지금 정부는 녹조 모니터링 기술, 수돗물을 만드는 과정에서 녹조를 제거하는 기술, 이런 걸 개발하겠다는 말만 해요. 제가 알기에는 지금 기술로도 충분하거든요. 그런데도 다시 수십억을 들여 이미 개발된 기술을 또 개발하겠다는 거는 뭐예요. 여론을 의식하는 한편 일자리 창출이라는 생색을 내고 싶은 겁니다.

제가 〈경향신문〉에도 기고했습니다만 우리 국민들도 이제 '일자리 창출'에 대한 집착에서 벗어나야 해요. 그러니까 정부가 자꾸 환상을 주입하잖아요. 마치 대규모 토목사업 하나면 모든 문제가 해결될 거로 봅니다. 동네 땅값도 오르고 일자리도 창출되고 얼마나 좋으냐, 하는 생각을 해요. 부자 만들어준다는데 왜 4대강 사업을 반대하느냐고 목소리를 높입니다. 그래서 4대강 사업 대상 지역 주민들 간에 갈등이 엄청났잖아요.

눈 깜짝할 사이에 수십조 원 규모의 토건사업을 해치우고 난 지금 보세요. 정부가 말한 대로 됐습니까? 일자리 생기고 지역경제 활성화되었나요? 모든 게 허구라는 게 명명백백하게 밝혀졌잖아요. 오히려 땅값이 떨어집니다. 왜 그런고 하니 일부 지역에서는 농경지의 지하수위가 올라가서 조금만 땅을 파면 물이 나와요. 이러면 농사짓기가 어렵습니다. 그다음에 안개가 사방으로 깔리죠. 그다음에 녹조 현상, 이거 냄새가 엄청납니다. 누가 이런 데서 살고 싶겠어요. 애초에 정부는 34만 명의 일자리가 생길 거라고 했습니다.[9)]

9) 당시 국토해양부는 홈페이지를 통해 4대강 사업으로 일자리 창출 약 34만 명, 생산 유발 효과 약 40조 원으로 실물경기 회복에 기여할 것이라고 밝혔다.

하지만 이것 역시 거짓임이 드러났지요. 오늘날 토목공사는 사람을 쓰지 않아요. 대부분 기계가 합니다. 개발하면 땅값이 오르고 일자리가 생겨 지역경제가 활성화된다는 순진한 생각은 이제 통하지 않습니다. 그런 환상을 깨지 않으면 제2, 제3의 4대강 사업이 생길 수밖에 없어요.

이원영: 특히 일자리 창출 효과는 완전히 사기였죠.

박창근: 네 34만 개라던 일자리가 후하게 쳐줘도 1만 개 정도도 안 되었지요.[10)] 신규 채용이 아니고 대부분 기존 직원을 현장에 배치했

고, 새로 만들어진 일자리는 3년짜리 임시 직이었습니다. 이 과정에서 오히려 1000명 가까이 되는 준설 노동자들이 일자리를 잃어 한때 사회적 문제가 되었지요.

10) 2010년 5월 국토해양부는 4대강 사업과 관련하여 현장 근무 인력이 일평균 1만 300여 명이라고 집계했다. 이는 시공업체와 감리업체 직원 등을 모두 합친 수로 정부에서 홍보한 일자리 규모에 한참 못 미친다.

이원영: 지역에서는 오히려 경제가 더 나빠졌다는 이야기가 나옵니다.

박창근: 그렇습니다. 엄청난 예산이 들어가다 보니 교육이나 중소기업 육성 같은, 필요한 데다 돈을 못 쓰잖아요. 지역의 도로·항만 같은 사회간접자본 투자도 줄이게 되고 그러면서 지역경제는 위축됩니다.

4대강사업을 추진하던 당시 경남과 강원도의 토목 관련 예산을 살펴보니 약 30퍼센트 정도 줄어들었습니다. 지방에서는 신규 사업은 없고 진행하고 있는 사업은 예산이 부족해 공사기간만 늘어나는 부작용이 있었습니다.

"대구는 항구다!"-이명박의 운하 선언

이원영: 그럼 4대강 사업이 왜 변형된 운하인가 하는 문제를 살펴봐야 할 것 같습니다. 방송에서도 다룬 바 있습니다만, 우선 4대강의 수심을 6미터로 유지하고 있지 않습니까? 왜 하필이면 6미터냐? 이건 바로 배의 규모와 관련이 있습니다. 5000톤급 화물선이 다니려면 수심이 6미터가 되어야 해요. 안 그러면 배가 못 다니잖아요. 큰 배 같으면 더욱 그렇지요. 제가 교토대학 이마모토 교수와 현장 답사를 갔는데요, 그때 이분이 공사 현장을 딱 보더니 하는 얘기가, 4대강

사업의 목적은 운하가 맞다는 겁니다. 운하가 아니면 이런 식으로 공사하지 않는다는 거예요. 그때도 저는 긴가민가했습니다. 그랬는데 그 일이 있고 얼마 후에 이명박 씨가 2010년도에 대구에 가서 "대구는 항구다." 이런 말을 해요. 아예 운하라고 선언을 해버린 거죠. 말로는 운하 포기한다고 해놓고선 대구 시민 앞에서 그런 말을 해요.[11)]

11) 2010년 10월 4일 국정감사에서 민주당 김재윤·김윤애 의원은 이명박 대통령이 대구시 업무보고 자리에서 "대구는 항구다"라고 발언한 사실을 언급하며 4대강 사업이 '운하준비 사업'이라고 주장하였다. 그 근거로 2009년 12월 대통령직속 기관인 국가건축정책위원회에서 발간한 보고서 '수변 공간·도시 디자인 전략 연구'(국토연구원 용역)에서, 내륙인 대구와 구미를 '항구산업' 대상도시로 선정하였다는 사실을 들고 있다.

박창근: 4대강 사업이 운하인 이유에 대해 제가 논문을 쓰기도 했습니다. 저도 처음부터 운하였다고 생각했어요. 4개강에 보를 세우는 주요 이유도 수심 유지에 있습니다. 강바닥에 경사가 있으니까 그렇게 해서라도 수심을 확보해야 하는 겁니다. 안 그러면, 바닥을 더 깊이 파내야 하잖아요.

이원영: 수심을 일정하게 유지하는 데 보의 역할이 꼭 필요했던 거군요.

박창근: 그렇죠. 원래 정부에서 말하기를 보를 세우고 물을 가둬서 물 부족을 해소한다고 했잖아요. 근데 정작 4대강 사업으로 확보한 8억 톤의 물에 대한 사용 계획이 없어요. 어디에 어떻게 쓴다는 말이 없다는 겁니다. 하다못해 농업용수로라도 쓰겠다, 뭐 이런 말이 있어야 하잖아요. 근데 원래 4대강 주변은 물이 부족하지 않습니다. 그동안 물이 없어서 제한급수를 했다거나 농업용수를 공급하지 못했다는 사례가 없습니다. 외려 부족한 곳은 강에서 한참 떨어진 산간지대예요. 우리나라에서 물이 부족한 곳은 산간 농촌, 도서 해안 지역이거든요. 정부 말대로라면 이쪽에 물을 대려고 사업을 했다는 얘기가 됩니다. 그런데 여기에 대한 아무런 계획이 없어요. 사실 그쪽까지 물

을 대려면 엄청난 돈이 추가로 들어가죠. 수로도 만들고 펌프도 설치하고 해야 하잖아요. 물이 부족해서 보를 설치했다는 말은 거짓말입니다. 그래서 제가 보기에 보 준설과 대규모 준설은 수심 확보용이라는 겁니다.

4대강 사업은 1단계 운하사업인 거예요. 1단계라고 한 것은 먼저 수심을 유지하고 뱃길을 확보하는 단계였기 때문입니다. 그럼 2단계는 뭘까요? 바로 갑문을 설치하는 겁니다. 지금 4대강이 몸살을 앓는 것은 이러한 사실과 관계가 있어요. 운하를 만들려다 보니까 문제가 생긴 거예요.

먼저 보를 만들었지요. 우리가 하천을 가로지르는 콘크리트 구조물을 지으면 그만큼 하천 단면이 줄어들고 홍수 때 수위가 올라갑니다. 이해가 되시죠? 일반적으로 하천에 다리를 하나 놓으면 홍수 때 수위가 10~20센티미터 상승해요. 보는 그것이 고정보든 가동보든 관계없이 수위를 높입니다. 가동보는 수문을 열 수 있어 수문 자체가 차지하는 공간은 줄어들 수 있어도 기둥 같은 구조물들이 공간을 차지합니다. 그래서 홍수 위험을 증가시키는 구조물이라는 거예요. 아까 말씀드렸던 낙동강 사업 취소 소송 2심 재판에서 그걸 확인한 겁니다. 보는 홍수 위험을 줄이는 게 아니라 오히려 증가시키는 구조물이다. 그러니 이걸 건설하려면 예비 타당성 조사를 반드시 해야 한다. 그런데 안 했다. 따라서 국가재정법 위반이다. 이런 논리인 겁니다.

3부 – 토건 마피아의 실체

4대강 사업의 숨은 공신, 조선일보

이원영: 2010년도에 운하반대 교수모임에서 국회의원을 상대로 설문 조사를 했습니다. 4대강 사업에 찬성하냐 반대하냐는 내용이었습니다. 그랬더니 야당 의원들은 일부를 제외하고는 모두 반대한다는 의견을 보내왔습니다. 그런데 여당 의원들이 뜻밖에 두 명만 찬성한다고 해요. 나머지 여당 의원 170명은 답이 없었습니다. 자기들 필요할 때는 4대강 법안도 막무가내로 처리하던 사람들이 기록에 남는 설문에는 딱 두 명만 찬성한다고 밝혀요, 그 많은 국회의원들 중에 말입니다.

박창근: 더 이상 대통령 눈치 안 보겠다는 건가요?

이원영: 그것보다는 아무래도 실패한 사업이 될 게 뻔한데 거기에 자기 이름 올리고 싶지 않다는 거였겠지요. 비슷한 시기에 환경운동연합하고 운하반대 교수모임하고 공동으로 '인명사전'을 기획했습니다. 4대강 사업을 주도하고 찬동한 인사들을 전부 다 수집해서 기록하자는 취지였습니다. 그래야 이와 같은 재앙이 재발하는 걸 막을 수 있지 않겠느냐 하는 생각이었죠. 정치인, 학자, 공무원, 국회의원 등을 쭉 살펴보고 A급 B급 나눠서 발표했습니다. 그랬더니 항의가 빗발쳤어요. 자기는 아니다, 라고요, 어떤 사람은 노골적으로 내가 왜 B급이냐, 해요. 자기는 A급 전범이라는 거예요. (웃음) 이 작업을 두 해에 걸쳐서 했습니다.

박창근: 그 작업을 토대로 2013년에 〈한겨레〉에 '4대강 죽이기 인명사전'이라는 걸 발표했죠.

이원영: 네, 운하반대 교수모임에도 있고 환경연합에서도 관련 기록

을 갖고 있습니다. 그런데 인명사전에 실리지 않은 분야가 있어요. 바로 조·중·동 같은 보수언론입니다. 이들은 뒤에서 여론을 왜곡하고 선동하는 역할을 했지요. 4대강 사업이라는 대재앙을 불러일으키는 데 'A급 전범' 이상의 기여를 했습니다.

박창근: 일일이 이름을 밝히기도 힘들 만큼 많은 사람들이 조·중·동을 통해 맹활약했죠.

이원영: 〈조선일보〉는 아예 공세적으로 나오더군요. 기자 칼럼을 통해 4대강 비판했던 사람 다 어디 갔느냐며 따져요.[12] 사업이 마무리되어가던 무렵이었습니다. 딱 해놓고 보니까 볼만하거든요. 보도 멋지게 만들어놨죠. 그 위로 자전거 지나다니죠…. 모든 토목공사가 그렇듯이 처음에는 번듯하니 좋아 보입니다. 녹조 생기고 이끼벌레 생기고 하는 건 나중 일인 거예요. 저도 그 기사 봤는데요. 4대강 사업에 반대한 사람들에게 대놓고 면박을 주는 겁니다. 황당하더군요. 그때 제가 탈원전 운동에 전념하던 시기라 적극적으로 방어도 못 했습니다. 보수언론들은 항상 틈을 노려요. 사람들 관심이 좀 잦아들었다 싶으면 다시 시비를 겁니다. 그나마 사실 자체가 틀린 경우도 많아요. 그래서 제가 박 교수께 한 가지 당부하고자 하는 게 〈조선일보〉만이라도 꼭 찍어서 그간의 왜곡 보도에 대해 자료를 수집하고 발표하자는 겁니다. 4대강 관련해서 얼마나 극심한 왜곡·편파 보도가 있었는지 국민들도 알아야 하잖아요. 신문기사야 인터넷에 올라와 있을 테니 모아서 정리만 하면 되지 않을까 싶습니다만.

12) '4대강 난리 난다던 사람들의 침묵' 〈조선일보〉 2011년 9월 15일자 사설 '태평로'.

박창근: 그 부분은 아무래도 언론운동 하시는 분들이 하는 게 적합하지 않을까요.

이원영: 저희가 너무 큰 피해를 봐서 그래요. 언론은 사회적 책무가 있는 기관입니다. 이익집단하고는 다르잖아요. 그럼에도 잘못된 기사로 여론을 호도하고 거짓 선전을 합니다. 그건 범죄행위예요. 저는 시간이 지난 후라도 이런 부분을 짚어서 고발하든지 해서 대가를 치르게 해야 한다고 봅니다.

박창근: 아예 불매운동 같은 걸 해야죠. 더 이상 그런 신문이 발붙이지 못하게 해야 해요. 4대강이야 이미 지난 일이라지만 앞으로 그런 일이 반복될 수 있으니까요.

이원영: 당시 대통령을 비롯한 여당 정치인, 공무원, 학자들, 언론사 등이 한패가 되었죠. 지금 대통령인 박근혜 씨도 거기서 자유롭지 못하다고 생각합니다. 외려 숨은 공신이지요. 박근혜 씨가 대통령 경선할 때 당시 이명박 후보가 내세운 대운하 사업에 반대했잖아요. 친박으로 분류되는 유승민, 이혜훈 의원 같은 분들도 TV에 나와서 말도 안 되는 사업이라며 반대 목소리를 높였던 걸로 기억합니다.

박근혜 씨 본인도 분명히 반대 의사를 밝혔어요. 운하반대 교수모임이 출범하던 날이었습니다. 오전에 출범식이 있었는데 그날 오후에 박근혜 씨가 대구 지역의 〈매일신문〉과 인터뷰를 했어요. 4대강 사업 안 된다고 말이에요. 아직도 기억이 선명합니다. 그런데 정작 국회에서 4대강 예산 짤 때 이분들 반대 안 했습니다. 한마디 말도 없이 찬성표를 던졌습니다. 예컨대 사업을 축소하라거나 왜 이렇게 돈이 많이 들어가느냐고 따져 물을 수도 있었을 텐데 전혀 그런 게 없는 거예요. 가만히 찬성 버튼을 눌렀습니다. 만약 당시 친박 쪽 인사들이 어깃장을 놨으면 4대강 사업 제대로 진행 못 했을 겁니다. 3년을 쭉 그랬다고요.

야당도 문제가 많았습니다. 정세균 씨가 당시 민주당 대표였을 땐데요. 야당이 2010년도 지방선거에서 승리했잖아요. 4대강 반대하라고 시민단체에서도 지지를 많이 했습니다. 저희는 이를 계기로 이명박 대통령의 힘이 빠질 거로 봤어요. 서울은 물론 보수적인 지역에서도 야당이 이겼으니까요. 그런데 그해 8월에 서울 은평구 재보선이 있었습니다. 그때 이명박 씨 최측근이던 이재오가 출마해요. 저는 이번에야말로 정권의 코를 납작하게 해야 한다고 생각했습니다. 많은 국민들도 그렇게 믿었고요. 만약 이재오 씨가 낙선하면 이명박 씨로선 상당한 타격일 수 있으니까요. 그런데 정세균 대표가 그곳에 장상 씨를 공천해요. 장상 씨가 누굽니까? 김대중 정부 때 총리 후보로 올랐다가 청문회에서 위장전입 문제가 불거져 낙마한 인사잖아요. 국민들이 모두 잊었을 거로 생각했는지 그런 사람을 대항마로 올린 거예요. 참신하고 혁신적인 인물을 기대했던 국민들의 실망이 이만저만이 아니었습니다. 결국 이재오 씨가 국회의원에 당선됩니다. 이거야말로 죽 쒀서 개 주는 꼴이지요.

4대강 사업과 사이비 지식인

박창근: 당시 정부에서는 4대강 사업을 계속해, 말어, 이런 분위기였지요.

이원영: 지방선거에서 대패했으니 여당도 여론 눈치를 보지 않을 수가 없었던 거죠. 그런 상황에서 이재오가 딱 당선되니까 이명박 대통령이 기고만장해진 거예요. 측근의 당선을 국민들의 지지로 받아들인 거죠. 이뿐만이 아니에요. 우리가 그때 정세균 씨한테 4대강 문제를 많이 지적했다고요. 의원들을 직접 현장에 데려가서 심각성을 직접 알렸는데도 안 움직여요. 당 차원에서 압박해야 하는데 계속 미진한 거예요. 야당도 잘한 게 하나도 없다는 겁니다. 선거에서 그렇게 국민들이 밀어줬는데도 독주를 막지 못했다는 건 결과적으로 동조

한 거나 다름없어요.

그리고 또 하나 말씀드릴 것이 바로 법조계입니다. 이분들이 정권 눈치를 보느라고 상식적인 판단을 안 내려요. 위법한 4대강 사업을 취소하라는 소송을 국민소송단에서 제기했잖습니까? 그때 수계별로 재판이 진행됐는데 모두 패소했어요. 낙동강 2심에서는 재판부가 위법성은 인정했지만 사업 취소 청구를 기각하는 판결을 내렸지요. 4대강 사업 해도 된다고 법원에서 정부 손을 들어준 거예요. 그때 낙동강 1심 판결이 결정적이었습니다. 낙동강 근처의 인구가 많잖아요. 상징성도 크고. 해서 국민들 이목이 집중되어 있었는데 이걸 당시 판사가 기각시켜버려요. 나름대로 진보적인 사람이라고 생각했고, 정부 쪽에서도 어느 정도 각오가 되어 있던 분위기였습니다. 우리가 준비를 철저히 했거든요. 이런저런 자료들을 다 동원해서 만반의 준비를 했습니다. 그런데 졌어요. 요즘 말로 모두가 '멘붕' 상태에 빠졌습니다. 이어서 다른 하천에서도 줄줄이 패소했고요. 객관적이고 공정해야 할 법원이 정권의 눈치를 봤다고밖에 달리 설명할 길이 없어요.

박창근: 그러고 보니 4대강 사업은 우리 사회 상층부의 부도덕성이 총체적으로 드러난 사건인 거 같습니다.

이원영: 정치인, 법조인, 언론인, 정부관료, 학계, 어느 하나 빠지는 데가 없어요. 우열을 가리기가 힘들 정도입니다.

박창근: 사회의 엘리트 집단이라고 해야 할까요, 지식인들의 윤리의식과도 연관이 있는 것 같습니다. 문창극 씨가 국무총리 후보에 올랐다가 사퇴한 사건이 있었죠. 사회적 반향이 매우 컸습니다. 이분이 어느 교회에서 했던 발언이 문제가 되었죠. 일본의 한국 지배가 하나님 뜻이었다는 식으로 말해요. 국민들이 많이 놀랐습니다. 일본은 죄가 없다는 투였으니까요. 한 나라의 국무총리가 될 사람이 한 말이라고는 차마 믿기 어려운 지경이었지요. 제가 이 말씀을 왜 드리느냐 하

면 우리 사회에는 아직도 그런 식의 생각을 가진 사람들이 적지 않다는 거예요. 저는 왜곡된 우리 근현대사에서 그 이유를 찾습니다. 한 번도 단죄하지 못했잖아요. 일제강점기에 제국주의에 동조하고 같은 민족을 착취한 사람들이 해방 이후에도 떵떵거리면서 활보했습니다. 외려 정치, 사회, 문화 각 분야에서 중요한 자리를 차지했지요. 그러니 문창극 같은 사고방식이 가능한 것 아니겠어요. 잘못을 저질러도 불이익을 받기는커녕 더 잘나가잖아요. 외려 피해자를 조롱합니다.

이번 4대강 사업에서도 같은 일이 벌어져요. 사업 잘했다고 1000명 이상이 포상을 받았습니다. 1157명이 훈포장을 받았어요.[13] 여기에는 학자도 있고 법조인도 있습니다. 저는 소위 우리 사회의 엘리트들이 반성은커녕 권력으로부터 떡고물이나 받는 존재로 전락해버린 건 아닌가 하는 우려가 있어요.

13) 2013년 10월 민주당 백재현 의원에게 제출한 안행부 자료에 의해 4대강 사업과 관련하여 1157명에게 훈장, 포장, 표창이 수여된 것으로 확인됐다. 대상자 대부분은 수자원공사와 건설업체 인사였으며 이 중에는 비자금 조성과 입찰비리 등 혐의를 받고 있는 대우건설·삼성중공업을 비롯해 대기업 건설사 직원들이 포함된 것으로 알려졌다. 또한 4대강 사업에 찬성한 종교계, 법조계 인사들도 상당수 포함되어 타당성 논란이 이어졌다.

프랑스의 대표적인 지식인 사르트르가 『지식인을 위한 변명』에서 이런 말을 합니다. "지식인의 가장 직접적인 적은 사이비 지식인이다. 이 사이비 지식인들은 지배계급의 사주를 받아서 마치 과학적 연구 방법, 연구 결과인 것처럼 만들어진 조작된 논리를 통해서 특수조직이 되어버린 어떤 한 집단 어떤 이데올로기를 옹호하고 있다." 그러면서 '사이비 지식인'을 집 지키는 개에 비유합니다. 사회의 빛과 소금이 되어야 할 사람들이 외려 냄새 풀풀 나는 권력과 결탁하는 일은 동서양을 막론하고 벌어졌던 모양입니다.

이걸 막기 위해서라도 '단죄'가 필요합니다. 4대강 홍보를 위해 앞장서서 이론을 만들어낸 학자들, 이 사람들은 연구비 조로 엄청난 돈을 타냈죠. 그리고 공무원들, 당시 4대강 사업을 담당했던 정부 고위 관료는 박근혜 정부에서도 계속 잘나가고 있습니다. 처절하게 싸웠던 지식인들은 협박과 불이익을 받았고요. 이분들은 명예 회복은 커녕 지금도 방치되고 있어요. 박근혜 정부가 아무 생각이 없는 거예요. 반성도 없고 대안도 없고.

이원영: 상식이 안 통하니 권모술수만 난무하는 사회가 된 거 같습니다. 안타까운 일이에요.

박창근: 우리 사회가 건강한 사회가 되려면 진실과 거짓은 반드시 밝혀야 해요. 시간이 흐르더라도 그것만큼은 분명하게 해야 합니다. 거짓에 동참했던 사람들, 그들에게 죄를 물어야 하고요. 그런 시스템이 없는 사회에는 미래가 없어요. 아무도 진실되게 살려는 사람이 없는데 무슨 희망이 있겠어요.

이원영: 그런 의미에서 저희가 이번 일은 꼭 기록으로 남겨야 한다고 생각합니다.

박창근: 옳은 말씀이에요. 지금 당장은 어렵더라도 훗날 역사적인 평가가 바로 매겨지면 다시 똑같은 일이 반복되는 일은 피할 수 있겠지요.

이원영: 얼마나 시간이 더 지나야 정의가 바로 세워질까 싶습니다. 참고로 요새 제가 탈원전 운동한다고 좀 바쁘지 않습니까? 그런데 일을 하다 보면 가끔 시커먼 양복 입은 사람들이 찾아와요. 그 사람들이 우리 밥 먹는 자리에 껴들어서 자기들도 환경에 관심이 많대요. 그러면서 하는 말이 "교수님 고생하시는데 죄송한 말씀이지만 이런 건 국가에서 처리해야 되는 것 아닙니까?" 이럽니다. 나랏일에 왜 끼어드냐는 거죠. 그러면서 뜬금없이 국가관이 투철한 게 중요하다고 설교를 해요. 도대체 뭐 하는 사람들일까, 하다가 감이 딱 옵니다. 그

래서 제가 말했죠. 맞는 말이다. 우리나라에 국가관이 투철하지 않은 사람들이 정말 많다. 그중에 제일이 누군지 아느냐? 바로 박근혜다. 문창극 같은 사람을 총리 자리에 앉히려는 사람이 어디 있느냐, 일본 총리냐 한국 총리냐, 그랬더니 입을 닫아요. 할 말이 없거든. (웃음)

4대강 사업의 전도사들

박창근: 말이 나온 김에 이명박 씨 주변 사람들 얘기도 해야겠네요.

이원영: 이명박 정권에서 미래기획위원회 위원장 했던 곽승준 씨, 이 사람도 4대강 사업의 주역입니다. 이명박 씨한테 확신을 줬거든요. 저명한 경제학자임에도 운하의 타당성을 설파하고 이것이야말로 미래 경제의 중요한 부분이다, 뭐 이런 식으로 계속 지원을 해줬잖아요. 그런 친구가 지금 〈한겨레〉에 고정 칼럼을 쓰고 있으니….

박창근: 당시 이명박 대통령 비서실장이던 류우익 씨도 한몫했지요. 이분은 주중 대사에다 통일부장관까지 하고, 잘나갔어요.

이원영: 저는 이화여대 박석순 교수도 생각납니다. 한동안 4대강을 예찬하시더니 지금은 녹조는 가뭄 탓이고, 큰빗이끼벌레는 수질 정화 기능을 한다고 주장하고 계세요. 참 심지가 곧으신 분이에요. (웃음)

박창근: 아까도 잠깐 그 이름이 나왔지만, 이재오 씨도 4대강 전도사를 자임했었죠.

이원영: 정치인들이야 늘 그래왔으니까요. 김문수 전 경기도지사도

마찬가지입니다. 적극 가담자로 볼 수는 없지만 한강 개발하는 거 방치했죠. 아, 그리고 4대강 사업추진본부장인 심명필 씨를 빼먹을 뻔했군요.

박창근: 개인적으로는 대학 선배예요. 그래도 워낙 입장이 입장이다 보니 많이 부딪쳤지요. 토론회에서도 많이 만났습니다.

이원영: 특히 토목학계는 유달리 선후배 관계가 돈독한데 말이죠. 많이 난처했겠습니다. (웃음)

박창근: 저는 서열이 없어요. (웃음)

토목은 왜 '노가다'가 되었나

이원영: 이명박 씨의 대운하 구상이 2008년 국민의 저항에 부딪혔잖아요. 그래서 이제 어떻게 해야 하나 하고 고민을 하던 차에 당시 많은 지식인들이 철도 사업을 권유했다고 합니다. 통일을 대비한다는 명목이었어요. 남한과 북한을 잇고 멀리 유라시아 대륙을 연결하는 원대한 계획이었지요. 이걸 상당히 심도 있게 논의했던 모양입니다. 그런데 결국 다시 운하 즉 4대강 사업으로 돌아왔다고 해요. 그 이유는 철도 건설에 상당한 기술력이 필요했기 때문입니다. 운하는 포클레인 몇 대 있으면 되잖아요. 철도는 그것보다 몇 배는 복잡하고 까다로웠던 겁니다.

박창근: 그게 사실은 토목의 본령이에요. 복잡하고 까다로운 작업을 기술력으로 커버하는 거 아닙니까? 사람들이 토목 하면 자꾸 '노가

다'를 떠올리는데 이건 잘못된 인식입니다. 토목은 인간의 삶을 개선하는 아주 중요한 학문이예요. 그런데 이게 우리나라에서는 초가집 부수고 도로를 내는 걸로 이해되어 버렸단 말이죠. 그러면서 '나쁜 토목'들이 판을 치기 시작합니다. 이런 현상은 1990년대 넘어서면서 더욱 심해졌습니다. 그 결정체가 4대강 사업이고요. '나쁜 토목'이라는 것은 짧은 시간에 예산을 많이 투입해서 별 효과도 없는 사업을 펼치는 것을 말합니다. '좋은 토목'은 일단 사회적 합의가 있어야 해요. 그리고 일자리가 많이 만들어져야 합니다. 사업에 대한 감시도 철저해서 국민의 세금이 낭비되지 말아야 합니다. 그래야 하는데, '나쁜 토목'에서는 그런 것들이 철저히 무시돼요.

우선 '사회적 합의'는 절대 없지요. 주민 설명회를 공무원들을 동원해서 형식적으로 꾸립니다. 반대 여론을 무마하고자 몇몇 주민들을 선동해서 찬·반 대결로 몰고 갑니다.

일자리도 못 만듭니다. 하천사업에 연간 3조 5000억 원이나 되는 예산을 투입하는데 일자리가 몇 개나 만들어집니까? 그만한 돈을 다른 데 쓰면 고급 일자리를 엄청나게 만들 수가 있지요.

감시도 제대로 안 합니다. 공무원들과 업자들이 짝짜꿍이 돼서 자기들 마음대로 나랏돈을 펑펑 써요. 누구 하나 견제하는 사람이 없습니다. 예전엔 시민단체가 견제 기능을 했었는데 요즘은 아예 귀를 막고 듣지도 않습니다.

관료라는 조직의 특성이 무한 확장 아닙니까? 일단 부서가 하나 생기면 어떻게든 사업을 벌여서 규모를 키우고 예산을 늘리려고 합니다. 관료 조직의 특성상 그럴 수밖에 없어요. 자기 밥그릇은 지켜야 하잖아요. 그래야 승진도 하고 사람도 뽑죠. 그런 식으로 조직 이기주의와 자기 식구 감싸기가 횡행하는 거잖아요. 지금 우리나라에는 이걸 막을 시스템이 없다는 겁니다. 이명박 정권이 자기들을 반대한다고 시민단체에 대한 지원을 딱 끊었잖아요. 그뿐입니까? 온갖 꼬투리를 잡아서 탄압했지요. 반대로 관변단체를 지원하면서 사회적인 감시, 비판, 기능을 말살합니다.

이런 환경에선 '나쁜 토목'이 기승을 부릴 수밖에 없지요. 공무원이나 업자들 입장에서는 세상 편한 거예요. 우리나라 전체 예산 중 100조 원 이상이 토목사업에 배정되어 있습니다. 이런 잘못된 관행을 하루빨리 고쳐야 해요.

이와 관련해서 한 가지 제안을 드리자면 이렇습니다. 제가 경상남도에서 시도하다 실패한 것이긴 합니다만, 말씀을 드려보지요. 경상남도의 A 지자체에서 10억짜리 설계를 발주해요. 그러면 보통 중앙에 있는 업체와 지방 업체가 컨소시엄을 꾸려서 입찰합니다. 중앙 6이나 7, 지방 3이나 4, 이렇게 지분을 나눠서 말이죠. 그렇게 해서 수주를 하잖아요? 그러면 중앙이 빠집니다. 지방 업체에서 그 돈 가지고 어떻게든 설계를 진행하는 거예요. 중앙은 삽 한 자루 안 보태고 엄청난 돈을 가져갑니다.

황당하지요. 제가 경상남도에서 일할 때 그 건을 잡았어요. 이런 관행을 없애야 한다고 강하게 주장했습니다. 차라리 지방 업체에 돈을 좀 더 주라고 했어요. 돈을 더 주되 설계하는 회사는 경남에 본사를 두고 실제 직원들이 근무하도록 조건을 강제하면 되지 않느냐 하고 말했습니다. 지역경제를 살리려면 그래야 하잖아요. 직원도 지역에서 뽑고, 그게 지방 분권 아닌가요? 그래야 젊은이들이 서울로 몰리는 것을 막을 수 있잖아요. 그런데 결국 안 됐어요. 지금 우리나라 토목 업체들, 엔지니어링 회사들이 다 여기저기 손을 써놨어요. 정치권, 정부 고위직, 연결이 안 된 곳이 없습니다. 자문회의 해봐야 소용이 없습니다. 대형 공사, 공무원들 입장에서는 실적 늘어서 좋죠. 업체들은 당연히 땅 짚고 헤엄치기로 엄청난 액수의 공사를 따내는 거니까, 로비를 안 할 리가 없습니다.

그래서 우리나라 설계회사들이 기술력이 없어요. 기술력이 아니라 로비력으로 승부합니다. 입찰 때도 적당히 남의 보고서 베껴서 제출해요. 그래도 누가 뭐라고 안 합니다. 잘 알지도 못하고요. 만약에 누군가 태클이라도 걸면 바로 '작업'이 들어가요. 소주 한잔 마시고 적당히 형님 동생 하면서 얼버무립니다. 사업의 방향을 설계회사가 깊이 고민할 필요가 없습니다. 왜냐하면 공무원들이 사업방향을 결정하고 설계회사는 그 방향을 정당화시키는 '억지 춘향' 논리를 만드니까요. 사업 대부분이 그렇게 기획되지요. 이러한 관행을 바꾸지 않으면 토목계도 문제지만 환경파괴와 예산 낭비성 사업을 막을 수가 없지요.

이런 관행을 막으려면 우선 법을 고쳐야지요. 토목공사 관련해서 국가계약법 등을 손봐야 합니다. 지금 당장 어렵다면 지방자치단체별로 조례라도 만들어서 가는 겁니다. 예전에 경상남도에서 이걸 했다가 공무원들한테 엄청난 저항을 받았어요. 당시 김두관 도지사도 걱정을 많이 하더라고요. 저 혼자 버티다가 결국 밀렸습니다. (웃음)

사실 이런 문제는 선진국도 마찬가지로 생깁니다. 다만, 그쪽은 감시 기능이 워낙 활발하고 촘촘해서 웬만하면 안 걸리고 해먹기가 어렵다는 거예요. 우리나라도 건축 쪽은 마진율이 많이 줄었습니다. 대략 10퍼센트 정도로 보는데요. 그도 그럴 것이 건물, 즉 빌딩 같은 건 도면이 나오잖아요. 그럼 대략의 자원과 물량이 드러납니다. 계산이 딱 나와요. 그런데 토목 쪽은 다르죠. 변수가 많습니다. 예를 들어 도로를 만든다 하면, 길 한가운데 산이 버티고 섰다, 그러면 터널 뚫어야죠. 그런데 여기가 암반 지대라면 추가 비용이 듭니다. 딱히 그런 일이 아니더라도 이런저런 핑계로 공사비를 부풀리기 일쑤예요. 그런 거 잘하는 회사가 돈 많이 법니다.

한편으로는 너무 낮은 가격 때문에 문제가 생기기도 합니다. 예산 아낀다고 최저가로 낙찰시키잖아요? 그럼 능력도 안 되는 부실 회사가 공사를 맡아요. 공사 끝나고 말들이 많습니다.

그러니까 공사비를 부풀려도 문제, 너무 낮게 잡아도 문제인 거예요. 이걸 합리적으로 조정하는 기능이 지금 관료 조직에는 없습니다.

관료 사회를 혁신하라

이원영: 관료 사회도 문제이지만 그동안 자본이 권력화된 것도 '나쁜 토목'이 점점 많아지는 이유인 것 같습니다. 예전에는 군사독재였잖아요. 정권의 파워가 막강했지만 민주화되면서 서서히 권력이 '돈'으로 옮겨가요. 특히 IMF사태 이후 10~20년 사이 상당히 커진 것 같습니다. 요즘은 공무원들이 단체장 말은 안 들어도 거대 재벌 말은 듣거든요. 힘의 중심이 옮아간 것 아닌가 하는 생각이 들어요. 제가 왜 이런 걸 느끼느냐면, 4대강 사업을 지켜보면서 '토건 마피아'의 존재를 알게 되고 탈원전 운동을 하면서는 '원전 마피아'를 알게 됐거든요. 이번에는 학교에서 짤리면서 '교육 마피아'도 알게 됐어요. 그다음에 세월호 사건 때문에 '해양 마피아'라는 것도 세상에 알려졌죠. 이권이 있는 곳이면 어디나 마피아가 자리하는 거예요. 결국은 돈입니다.

한편으로 씁쓸하기도 해요. 자본 권력이 공무원들을 좌지우지하다 보니, 이렇게라도 하지 않으면 안 되는 형편이 되어버렸으니까요. 시민들이 알아서 잘하라고 공무원들 신분 보장도 해주고 세금으로 월급도 주는 거잖아요. 이건 시켜놓고 잘하나 못하나 감시까지 해야 하는 형국이니 국민들만 피곤한 거죠. 관료들만 바로 서도 대부분의 문제가 말끔히 해결될 수 있는데 말입니다.

우리나라 관료들, 똑똑한 사람들이잖아요. 그 어렵다는 행정고시, 기술고시 합격해서 들어간 분들이 몰라서 그러는 건 아닐 텐데 말입니다. 노후도 보장되고 생계도 보장되는 좋은 직업인데 왜 그렇게 돈에 휘둘리는지 모르겠어요. 예전에는 관료들도 자존심이 있었습니다. 조선시대만 해도 왕한테 직접 따지고 했잖아요. 목숨을 걸었죠. 귀향도 가고 사약도 마셨습니다. 그야말로 명예를 중요시했으니까요. 그런데 이랬던 문화가 일제강점기를 거치면서 무너진 거 같아요.

우리나라는 어떻게 보면 대대로 지식권력 사회였어요. 신라시대도 그렇고 고려, 조선을 거치면서도 늘 지식인들이 권력을 잡았잖아요. 귀족 사회, 양반 사회였죠. 신분제 사회에서 이로 인한 폐혜가 많았지만 긍정적인 부분도 있었습니다. 그건 바로 이들 계층이 합리성을 추구했다는 거예요. 조선만 해도 선비 정신이라는 게 있었습니다. 그런데 요즘 지식인은 그냥 영혼 없는 전문가, 혹은 그냥 직장인으로 전락해버린 느낌이에요.

박창근: 누굴 탓하겠어요. 관료제에 안주하면서 스스로 그렇게 물들어버린 겁니다. 전관 예우라는 게 있잖아요. 우리는 보통 법조계에서나 관행적으로 이뤄지는 걸로 알고 있지만 관료제 사회 전반에 걸쳐 일어나는 일입니다. 토목계의 고위 공직자들이 퇴직 후에 무슨 협회로들 갑니다. 가짓수도 많아요. 대부분 관련 업체들이 모여서 만든 것들이지요. 그런데서 큰돈을 들여가면서 '거물급' 관료를 모셔옵니다. 이윤 추구가 목적인 기업체에서 왜 그런 일을 할까요? 다 쓸 데가 있다는 거예요. 소위 '약발'이 떨어질 때까지 각종 로비에 동원됩니다. 우리나라는 연줄 사회잖아요. 예전 상사로 있던 양반이 저녁에 술 한잔 하자면서 명함을 줍니다. 보니까 이번에 입찰 들어온 회사 임원이에요. 잘되면 리베이트도 넉넉히 쳐준답니다. 이거 쉽게 거절 못 하죠. 그런 목적인 겁니다. 회사 입장에서는 1년에 큰 거 한 건만 물어와도 남는 장사인 겁니다. 그 사람들 연봉 많아야 1억인데, 10억짜리 공사 하나 따내도 회사로선 훨씬 이득이지요. 저는 이런 관행이 참 잘못됐다고 생각합니다.

대학교수들도 그런 분들이 있어요. 원로는 말 그대로 원로로 남아야지요. 그래야 후진들이 보고 배울 것 아닙니까. 30~40년씩 공직 생활, 또는 교수 생활 하면 나중에 연금도 나오잖아요. 사회적으로도 존경받습니다. 우리나라는 아직까지 그런 분위기잖아요. 그런 분들이 말년에 시민단체에서 자원봉사를 한다거나 재능 기부를 한다거나 하면 얼마나 좋아요. 그런데 그런 분들은 찾아보기 힙듭니다. 특히 토목계는 원로가 사라져버렸어요. 자기 제자가 잘못된 사업을 하고 있는데도 거기에 대해서 뭐라 하기보다는 오히려 뒷바라지를 해 주고 있어요. 이게 말이 됩니까? 부끄러운 일이지요.

이원영: 저는 공무원들 생각하면 고민부터 돼요. 위에서 지시한 건데 이 사람들 탓을 할 수가 있나? 이 사람들은 시키는 데로 일하는 게 맞잖아요. 그래서 나름대로 결론을 내린 게 공무원도 다 같은 공무원이 아니라는 거였습니다. 뭔가를 결정하고 적극적으로 이끌어나가는 자리가 있어요. 그런 사람들은 시켜서 한 게 아니라고 봐야 한다는 겁니다. 자기 출세를 위해서 옳은 길이 아닌 줄을 뻔히 알면서 진행한 겁니다. 이런 경우는 볼 것도 없이 단죄해야 합니다. 양심적으로 못 하겠다고 손을 떼던가 해야죠. 물론 불이익을 좀 받긴 하겠지만 잘리지는 않잖아요. 우리나라 공무원은 신분 보장이 되니까. 아니면 다른 부서로 가게 해달라고 요청할 수도 있고요.

박창근: 지금 우리나라의 대규모 토목공사를 기획하고 추진하는 곳이 국토부 아닙니까. 그 권한이 어마어마해요. 무소불위의 권력을 휘두릅니다. 관료가 지배하는 우리나라 토목계를 개혁하지 않고는 예산 낭비와 환경 파괴를 멈출 수가 없어요. 밖에서 아무리 떠들어 봐야 공염불입니다. 내부 개혁에 시간이 걸린다면 일차적으로 국민의 세금을 낭비하는 데 적극 가담한 인사들에 대해서는 어떤 식으로든지 책임을 물어야 한다고 봅니다.

이원영: 내부 개혁도 중요하지만 관료 사회라는 게 아무래도 상명하복의 조직이니 최고 의사결정권자의 인식이 중요하지 않을까요? 이명박 씨가 대통령이 되지 않았다면 이런 문제가 아예 발생하지도 않았겠지요. 일례로 박원순 씨가 시장이 되면서 서울시의 정책이 많이 변했잖아요.

박창근: 박원순 시장이 전문가의 의견을 잘 들어줘서 그래요. 내부에서야 반발이 심할 수도 있지만 그게 훨씬 합리적인 거죠. 자기들이 다 해먹지 못하게 기획 단계에서부터 합리적인 의사결정을 내리는 겁니다. 보통은 결론부터 내놓고 전문가들은 그저 들러리 역할만 하는 게 관행이었잖아요.

이원영: 4대강 사업도 그랬죠. 애초에 이명박 씨가 대운하를 머릿속에 딱 그려놓고서는 학자들한테 논리 개발시키고 관료들은 홍보하고….

박창근: 지금 정부 조직에 각종 위원회들이 수많은 자문을 하지요. 원래 취지가 그런 거거든요. 뭔가를 시도하기 전에 타당한지 어떤지 전문가 그룹의 검증을 받아보라는 겁니다. 그런데 실제로는 관료들이 자기들 말 잘 들어주는 사람을 위촉하는 양상으로 가는 거예요. 공연히 자문위원회에서 반대라도 했다간 입장이 난처해지잖아요.

그런 데다가 설령 자문위원회에서 다른 의견을 제시하더라도 반영이 거의 안 됩니다. 예컨대 A, B, C, 이렇게 세 가지 안 중에 어떤 것이 좋을지 자문해온단 말이죠. 자문회의에서 전문가 그룹이 C를 추천합니다. 그래서 그쪽으로 의견이 모이다가 갑자기 국장한테 쪽지가 날아와요. A 안으로 밀어라. 그다음부터 A 안이 왜 적합한지에 대해 보고서를 짜깁기합니다. 엉터리 논리로. (웃음) 무늬만 자문이지 이건 '공무원 수족' 회의에 가까운 거예요. 공무원들은 자기 입맛에 안 맞는 연구결과를 보내오면 사업 자체를 틀어버려요. 서울시도 마찬가지입니다. 이런 시스템에서는 예산이 제대로 쓰일 리가 없죠. 이건 대통령, 시장 하나 바뀐다고 되는 게 아니에요. 시스템 자체를 바꿔야 하는 거죠.

이원영: 그러니까 박 교수 같은 분이 자문위원으로 들어가서 최고 의사결정권자를 설득해야죠. 이런 식으로는 일 못 한다. 관료 조직을 혁신하라! 이런 식으로. (웃음)

박창근: 안 해본 것도 아닙니다. 그래서 공무원들이 저만 보면 고개를 절레절레 흔들어요. 어느 정도냐면, 제가 어떤 광역지자체에 하천 심의 위원으로 있었던 적이 있습니다. 제가 심의를 보면 한 네 시간이 걸려요. 이것저것 다 따져보는 거죠. 근데 제가 다른 급한 일정 때문에 참석하지 못하면 40분 만에 후딱 끝내버린답니다. (웃음) 한번은 제가 온 줄도 모르고 오늘 박창근이 안 왔나? 못 오나? 아이고 잘됐네 하면서 좋아들 하는 겁니다. 그날 공무원들 고생깨나 했지요. (웃음)

한번은 하천설계 관련 자문회의를 하는데 보고서를 꼼꼼히 살펴보니 완전 함량미달이었어요. 다른 위원들도 비슷한 지적을 하였고 해서 분위기가 부결 쪽으로 완전히 기울었습니다. 그러자 위원장이 우리한테는 차마 못 하고 부하 직원을 불러서 호되게 질책합니다. 이따위로 보고서를 감독할 거면 공무원 그만두라는 식으로. 그럼 우리는 뭐가 됩니까? (웃음) 자문위원들 협박하는 거예요. 대충 하고 통과시키라는 거죠. 그래서 제가 가만히 있다가, 국장님 지금 우리한테 협박하는 겁니까 했죠. 그랬더니 들은 체도 안 합디다. 설계회사도 함께하는 자리였거든요. 설계회사의 사업 책임자한테 "자, 오늘 교수님들 말씀 잘 들었지요? 설계회사는 해당 교수님들의 지적사항에 대해 잘 답변드리는 것으로 하고 조건부 통과하겠습니다." 하면서 자기가 결론을 내버려요. 저는 기가 차서, 나 나가거든 결론 내라고 말하고는 자리를 박차고 나갔습니다. 그러고는 잘렸어요. (웃음) 한마디로 심의위원회를 액세서리쯤으로 여기는 거예요. 그러니 사명감 같은 게 있을 리 있나요. 대충 하고 몇 푼 안 되는 자문료나 받는 거죠.

이원영: 저도 서울 서초구, 수원, 오산, 화성 등지에서 도시계획위원으로 있었는데 2년 임기 채우고는 잘렸어요. 그나마 서초구는 당시 도시관리국장이던 분이 계속 밀어줬고요. 비판을 엄청나게 했는데도 다 들어줍디다. 그때 괜찮은 공무원도 있구나 했어요.

박창근: 저는 모 시장한테 서면으로 자문위원 해촉 통보까지 받았어요. 공문이 왔더라고요. 얼굴도 보기 싫다 이거죠. (웃음)

4부 – 민주주의가 강을 살린다

1만 명의 우리 강 체험단: 333 프로젝트

이원영: 국가 재정으로 이뤄지는 토목사업은 일종의 공익 사업입니다. 그런데 공공성에 대한 의식이 없어요. 우리가 근대화 과정에서 기초를 잘 닦지 못한 결과라고 생각합니다. 차근차근 정도를 밟으면서 우리만의 시스템을 만든 게 아니라 일제강점기에 왜곡된 형태로 이식되었잖아요. 몸에 맞지 않은 옷을 입은 꼴이랄까, 자본주의적 시스템에 대한 이해가 부족한 상태에서 자기 욕망만을 채우려는 이기심만 극대화된 것 같습니다. 공공성에 대한 인식이 부족하다 보니 그저 이권사업으로만 인식됩니다. 그러니 예산 걱정하는 사람이 없을 수밖에 없죠. 당장 나한테 떨어지는 몫이 얼마냐에만 관심을 둡니다. 너나 할 것 없이 떡고물에만 관심이 팔려 있으니 반대 목소리를 내기가 어려운 분위기인 거예요. 국민도 마찬가지입니다. 지역민들도 당장 보상을 얼마 해주겠다고 하면 두말없이 찬성합니다.

박창근: 나랏일이니 알아서 잘 해주겠지 하는 마음도 있겠지요. 그런 의미에서 보자면 학계에서 좀 더 이러한 사실을 널리 알려야 하지 않을까 싶어요.

이원영: 우리 학계가 정부 정책에 반대할 수 있는 구조가 아닌 거 같아요. 정부 관료와 토목계가 오랫동안 유착되어 왔기 때문에 쉽지 않다는 겁니다. 다른 분야의 전문가라도 말려야 한다고 생각해요. 자기 밥그릇하고 상관없는 사람들이 좀 나서라는 겁니다.

예컨대 노무현 정부 때 경제학자들이 당시 정부의 경제 실적에 대해 비판을 많이 했잖아요? 경제가 무너졌네, 이 모든 게 대통령 때문이네 하면서 보수 언론들도 여기에 불을 지폈지요. 국민들도 정말 대통령 때문에 경제가 망했다고 생각했을 정도였으니까요. 그런데 노무현 정부 때보다 실적이 형편없는 이명박 정부에 대해서는 왜 비판하지 않느냐는 거예요. 보수와 진보를 떠나서 지식인이라면 옳고 그름에 대해서는 딱 부러지게 말할 수 있어야 한다는 겁니다. 저는 이상돈 교수와 지향하는 바가 다르긴 합니다만, 이 부분에 대해서만큼은 의견이 일치합니다. 적어도 지식인이라면 양심적으로 행동해야지요. 안타깝게도 현실에서는 그런 지식인을 찾기가 힘들지요.

박창근: 그래도 우리처럼 열심히 싸운 사람들이 있잖아요. (웃음)

이원영: 더 많아져야 한다는 거죠. 그나마 다행인 것은 종교계나 시민단체가 아직까진 역할을 하고 있다는 겁니다. 우리가 4대강 사업 반대운동을 할 때도 이분들에게 빚진 게 많잖아요. 특히 종교계에서 끈질기게 반대운동을 전개했습니다. 농민들도 열심히 싸웠죠. 기억에 남는 게 양평 두물머리 투쟁[14)]이에요. 최종 합의가 있기까지 많은 분들이 고생했습니다. 우리나라 환경운동의 본보기가 될 만해요. 합의를 통해 정부가 원래 추진하던 인공적인 자연환경이 아니라 주민이 원하는 생태 공간을 조성하기로 했으니까요. 근 3년여 동안 싸워서 얻은 결과입니다. 다른 지역에서도 열심히 싸웠죠. 낙동강 같은 경우에는 주민들이 대체로 찬성하는 분위기였습니다만, 환경단체들이 계속 설득하고 단식투쟁도 하면서 오랫동안 싸웠습니다. 그러면서 깨달은 게 있다면 반대만으로는 안 된다는 거였어요.

14) 팔당 지역 농민들이 정부로부터 하천 부지를 임대받아 유기농사를 지어왔으나 이명박 정부 출범 후 이 지역이 '한강 살리기' 제1공구 지역에 포함되면서 철거 위기를 맞는다. 임대기간이 남은 농민들을 중심으로 철거 중단 등을 요구하며 단식 농성하였고 강제수용 취소 소송 등을 제기하였다. 정부는 유기농이 '수질오염의 주범'이라면서 농민들을 고소 · 고발하고 강제 철거를 시도한다. 이는 곧 사회적 이슈가 되었으며 천주교에서 930일 동안 생명평화 미사를 봉헌하는 등 시민들과 종교계의 지지가 이어졌다. 결국 2012년 8월 14일 심명필 4대강 사업추진본부장과 천주교 수원교구장 이용훈 주교 간의 합의로 정부, 지자체, 천주교, 농민이 추천한 인사로 협의기구를 구성해 생태학습장(가칭)을 조성하기로 하면서 사태는 일단락되었다.

그래서 저는 '333프로젝트'라는 걸 기획했어요. 시민들에게 우리 강의 모습을 보여주고 그 소중함을 깨닫게 하자는 취지였습니다.

그때 운하반대 교수모임이 주축이 되고 종교계와 연합해서 1만 명의 체험단을 꾸리자고 했습니다. 우리끼리만 싸울 게 아니라 좀 더 많은 사람들에게 진실을 알리자는 거예요. 1만 명이면 결코 적은 수가 아니잖아요. 그 인원을 고속버스에 태워 현장 견학을 시키자는 거였습니다. 계산해보니 333대가 나와요. 그래서 '333 프로젝트'라는 이름이 붙습니다. 2010년 봄부터 이야기를 꺼냈는데 그해 가을 첫 버스가 출발합니다. 그 과정에서 최열 환경재단 대표의 도움이 컸습니다. 당시 버스 한 대 동원하는 데 들어가는 비용이 50만 원이었어요. 후원을 받았습니다. 1차로 서른세 명, 또 2차로 서른세 명 그런 식으로 10차까지 후원을 통해 차량 확보에 필요한 비용을 충당했습니다. 1년 동안 1만 명 이상이 현장에 다녀갔어요. 제가 직접 보낸 사람이 한 7000명 이상 되고 환경단체하고 지율 스님이 데려오신 분들 포함하면 1만 2000명 정도 돼요. 그때 다녀오신 분들이 이구동성으로 하신 말씀이 우리 강이 이렇게 아름다운지 몰랐다는 거예요. 우리 강물이 이렇게 깨끗한지, 모래의 자정 능력이 얼마나 뛰어난지, 제대로 알게 되었다고 입을 모읍니다. 그러면서 입소문이 나기 시작해요. 저는 그런 노력들이 4대강 반대에 대한 대중적 지지를 굳건하게 하는 데 기여했다고 생각합니다.

"낙동강이 니 끼가?"

박창근: 지역 주민에 대한 설득도 계속해야 합니다. 2010년도에 지방자치단체장 선거 때 김두관 씨가 공식적으로 낙동강 사업에 반대하고 나섰습니다. 당시 한나라당 후보가 이달곤 전 행정안전부 장관이었는데요, 두 사람의 공약 차이가 별로 없었어요. 딱 하나, 4대강 사업에서 갈라졌습니다. 경상남도가 원래 여당 지역이잖아요. 보수

적인 곳이지요. 그럼에도 김두관 후보의 호소가 먹혔습니다. 그때 다니면서 했던 말이 "낙동강이 니 끼가?" (웃음) 주민들이 실제로 그렇게 생각한 거예요.

이렇게 주민들의 마음을 얻은 김두관 후보가 당선되고 낙동강 특별위원회를 설치했습니다. 그때 공동위원장이 정무부지사하고 저였어요. 부지사급으로 관련 국장들을 모아놓고 회의를 주재했습니다. 당시 건설국장이 낙동강 사업을 총괄하고 그 아래 과장들이 이걸 돕고 있었어요. 저희가 4대강 사업 관련 각종 자료를 요구하자 국장이 난감해합니다. 그래도 어쩔 수 없죠. 관료는 상급자의 명을 어길 수 없잖아요. 그렇게 고급 정보들이 하나 둘 넘어왔지요. 정부에서 보니까 안되겠는지 아예 사업권을 국토부가 회수해갔습니다.[15] 나중에 사업권을 회수한 부산지방국토관리청에 가서 보니까 밤 12시에도 퇴근하는 사람이 거의 없어요. 안 그래도 일이 많은데 지자체에서 해야 할 몫까지 가져갔으니 당연한 일이지요. 경상남도 공무원들 입장에서는 차라리 잘됐다 싶을 정도였습니다. 당시 경남은 약 30여 명이 4대강 사업을 지원하고 있었지요.

15) 2010년 11월 15일 '4대강 살리기' 사업을 두고 경상남도와 갈등을 빚어온 국토부는 사업권을 회수하기로 결정한다. 이후 부산지방국토관리청이 직접 사업을 시행하게 된다.

한번은 낙동강 특별위원회에서 보의 안전성에 대한 기자회견을 했습니다. 파이핑 현상[16]도 발생하고 보에 균열이 생기고 물받이공과 바닥보호공이 유실되는 실례를 제시하면서 이대로 방치하면 보가 주저앉을 수도 있다고 했지요. 지금이라도 공사를 중지하고 보를 철거하라고 했습니다. 그랬더니 기자들이 계속 물어요. 철거하는 데 시간은 얼마 걸리고 방법은 또 어떤 게 있는지 말이죠. 그래서 제가 이렇게 말했습니다. 철거 방법은 여러 가지인데 가장 간단한 게 화약을 쓰는 거다. 즉 폭파가 가장 간단하고 빠르다. 시간은 넉넉잡아 2주면 된다. 그랬

16) piping phenomenon. 흙 속에 물이 들어가 지반에 파이프 모양의 물길이 생겨 물과 모래가 이동하는 현상.

더니 바로 인터넷에 "김두관 보 폭파!" 이렇게 기사가 나가요. (웃음) 한동안 난리법석이었죠. 당시 김두관 씨가 민주통합당 대선 후보 경선에 뛰어들 준비를 하고 있었는데 여론조사를 해보니까 발언 이후 지지율이 막 올라가요. 도지사 시절부터 일관되게 4대강 사업을 반대한 소신 있는 정치인, 이런 이미지가 생겼습니다.

이원영: 정치인에게 이미지는 매우 중요하지요. 참고로 "낙동강이니 끼가?" 구호는 제가 지어서 김두관 후보에게 준 겁니다. (웃음)

박창근: 당시 김두관 지사 주변에는 전문가들이 많이 있었어요. 특히 하천 관련해서는 거의 천하무적이었습니다. 전문가 집단이 뒤에서 딱 받쳐주니까 정책이 바로바로 나오는 거예요. 저도 보람을 느꼈습니다. 추진력이 생기니 변화가 옵니다. 시민단체에서 활동하다가 실권을 가진 사람하고 일하니 장점이 있더군요. 그렇게 싸워도 말 한마디 안 들어주던 공무원들이 바로 움직입니다. 중요한 정보도 그때그때 확인할 수 있고요. 예컨대 경상남도 보건환경연구원에 예산을 투입해서 수질분석을 위한 최신 장비를 구매했습니다. 여기에 전문가를 투입해서 1년 동안 낙동강 수질검사를 했어요. 이거는 시민단체에서 암만 하려고 해도 안 되는 거였거든요. 정치가 중요하구나 하는 생각을 했습니다.

이원영: 그래서 저희가 2010년 지방선거 때 4대강 사업을 이슈화하려고 노력을 많이 했지요. 운하반대 교수모임에서는 4대강 사업의 부당성을 알리려고 만화책을 약 55만 부가량 찍었어요. 예상 외로 호응이 좋더라고요. 처음엔 10만 부를 찍었는데 금방 동이 났어요. 그래서 추가로 찍다 보니 그렇게 됐습니다. 이 책자를 낙동강이 흐르는 경남, 경북에 집중적으로 뿌렸습니다. 그런데 경남, 경북은 자연환경이 좀 달라요. 경북은 곡물 농사가 많았는데 경남은 채소, 과일 농사가 많은 거예요. 그랬을 때 보가 생기고 물의 흐름이 끊기면 아무

래도 경남 지역 쪽 타격이 더 큰 거예요. 지하수위가 높아지면 바로 피해를 보거든요. 그래서 경남에 집중했지요. 그런데 뜻밖의 일이 생겨요. 경남에서 여론이 형성되니까 경북도 영향을 받습니다. 보수적인 경상도 지역에서 김두관 지사가 이 문제를 가지고 계속 공략하니까 분위기가 돌아서는 거예요. 분위기가 대체로 그랬습니다. 당시 지방선거에서 전국적으로 야당이 압승을 거둔 데는 4대강을 성공적으로 이슈화한 이유도 있지 않나 싶어요.

박창근: 시대의 흐름을 잘 읽은 것이죠. 특히 김두관 씨가 이명박 정권의 서슬이 퍼렇던 시절 4대강 사업 반대를 걸고 나온 것은 정치적으로도 올바른 선택이라고 생각해요.

이원영: 환경문제는 많은 국민들의 관심거리이니까요. 끊임없이 문제가 생기고 있잖아요. 특히 4대강 사업의 후유증이 매우 심각합니다.

강과 정치

박창근: 1990년대 대구시가 위천공단을 계획할 때 일입니다. 그때 부산·경남에서 엄청나게 반대했어요. 상류에 공단이 들어서면 하류에 사는 부산·경남 시민들이 고스란히 공장 폐수를 떠안게 되잖아요. 당시 부산에서는 관까지 짜서 대구로 가 시위를 벌였어요. 대구에서는 오·폐수 관리를 철저하게 해서 피해가 없도록 하겠다고 설명했지만 부산·경남 주민들은 이 말을 곧이곧대로 믿지 않았어요. 결국 위천공단 설립 계획은 백지화되었고요.

그랬던 사람들이 지금 4대강에 대해서는 입을 다물고 있어요. 사태의 심각성이 잘 알려지지 않아서일까요. 지금 문제가 되는 낙동강

남조류는 독성물질을 포함하고 있습니다. 남조류로 인한 녹조 현상 때문에 하천 주변 동물들이 폐사하는 사례가 호주와 같은 외국에서도 심심찮게 보고되고 있어요. 그런데도 녹조가 번지는 낙동강 물을 먹고 있는 부산과 경남은 너무 조용합니다. 위천공단은 그 당시 계획 단계였기 때문에 미래의 위험인데 반해, 낙동강의 녹조는 수질을 악화시키는 현재의 위험입니다. 지금 3년째 녹조가 창궐하고 있지 않습니까?

정부도 나서서 별문제 아니라고 사태를 호도합니다. 환경부에서는 남조류가 독성이 있기는 하지만 정수과정을 거치면 수돗물에서는 기준치 이하라고 해요. 아직은 신경 쓸 바가 아니라는 거예요. 그런데 '기준치'라는 게 뭡니까? 독성이라는 게 아예 없어야 정상인 거지, 기준치보다 낮으니 상관없다는 게 말이 되나요? 자연에는 기준치라는 게 의미가 없어요. 기준치보다 낮으니 안심하라면서 더러운 게 뻔히 보이는 물을 마시라고 하면 누가 그 말을 따르겠어요. 정부는 깨끗한 물을 공급할 의무가 있는 거예요. 안전하다고 괜찮다고 안심시키기 이전에 오염 요소를 없애는 데 힘써야 합니다. 더러운 물을 잘 정수해서 먹자는 쪽이 아니라 상수원수 자체를 깨끗하게 보존하자는 쪽으로 정책이 가야 한다는 뜻이에요. 그럼에도 지금 정부가 낙동강 녹조 사태 등에 대처하는 걸 보면 거의 임무 방기 수준이에요.

정부는 의무를 제대로 이행 안 하고 국민은 권리를 못 찾고 있어요. 2013년의 경우 낙동강 녹조 현상이 이슈화되니까 부랴부랴 마련한다는 대책이 댐에 저장된 9000만 톤의 물을 방류한다는 거예요. 아니, 물이 부족해서 개발한다고 할 때는 언제고 수질이 악화되니까 이제 와서 물을 쏟아부어요. 돈으로 치면 50억 원에 해당하는 양입니다. 이래저래 강바닥에 돈을 쏟아붓는 거죠.

2014년에도 정부 관계기관 회의에서 4대강 사업으로 악화된 수질을 4대강 사업으로 확보한 물로 개선한다는 황당한 정책을 발표했죠. 도대체 4대강 사업을 왜 했는지 근본적인 의문이 생깁니다. 지금 당장은 어떻게 한다 해도 앞으로 상황이 악화될 것은 불 보듯 뻔한 일입니다. 해결책은 간단해요. 강을 흐르게 하면 됩니다.

보를 설치하면 유속이 느려져 강이 호수로 변하고 오염 물질들이 강바닥에 쌓입니다. 그러면 부영양화되면서 강의 산소량이 점점 떨어집니다. 하천 바닥에 무산소층이 생기고요. 생명체가 살아갈 수 없는 공간이 점점 늘어간다는 거예요. 말 그대로 죽은 강이 되는 겁니다. 강이 흐르지 못하고 유속이 느려지니까 생기는 현상이에요. 조금만 날이 더워도 녹조가 발생할 수밖에 없는 상태니까 무척 심각하죠.

이원영: 낙동강뿐만 아니라 한강과 금강, 영산강에도 이러저러한 문제가 생기고 있지요.

박창근: 금강 같은 경우는 큰빗이끼벌레가 집단으로 서식하고 있습니다. 이건 원래 호수에 사는 생물이었어요. 그리고 일부 구간에는 연꽃이 자라요.

이원영: 그만큼 수질이 나빠졌다는 거겠지요.

박창근: 네, 연은 수질이 나쁘고 흐름이 정지된 곳에서 자랍니다. 그 다음에 마름이라는 게 있는데요. 우포늪에 가면 많이 볼 수 있는 거지요. 이것 역시 호수에 사는 수생식물인데 이런 것들이 금강, 영산강 등지에서 관찰되고 있다는 겁니다. 낙동강은 더 심각하죠. 그나마 한강은 상대적으로 보 높이가 낮아서 물의 흐름이 일정 부분 유지되는 겁니다.

이원영: 한강은 보의 수도 적지요. 세 개인가 그렇죠. 샛강도 많고요.

박창근: 한강은 수도권을 끼고 있잖아요. 관리에 좀 더 신경을 쓰고 있을 겁니다. 낙동강이야 보수정권 지지자들인데, 조금 소홀하면 어

때? 이런 생각들을 하는 건 아닌지, 원…. 실제로 환경부의 정책이 한강 중심으로 맞춰져 있어요. 정치와 관련이 없다고 볼 수 없는 이유입니다.

이원영: 부산이 예전처럼 야성을 되찾으면 낙동강도 살아날 수 있으려나요.

박창근: 단정할 수는 없지만, 낙동강에 정치인들이 좀 더 신경 쓸 것은 분명합니다. 부산만 해도 원래는 정권에서 신경을 안 쓰려야 안 쓸 수 없는 정통 야당 도시였는데 김영삼 씨가 3당 합당으로 홀랑 말아먹었잖아요. (웃음)

이원영: 역사적으로 보면 지금 박근혜 정권의 심장이라 불리는 대구도 무척 진보적이었잖아요. 4·19 혁명의 도화선이 된 2·28 민주운동[17]이 있었고요. 박정희가 집권하면서부터 많이 달라진 것 같습니다.

17) 1960년 대구 지역 고등학생들이 당시 집권당인 자유당의 부정선거에 항의해 벌인 시위. 이후 3·15 마산의거, 4·19 혁명이 이어지면서 이승만 대통령 하야를 이끌어낸다.

박창근: 자꾸 정치 이야기를 하는데 얼핏 주제에서 벗어나 보이지만 사실 환경 문제는 정치와 밀접한 관계에 있어요. 4대강 사업처럼 토건세력들이 집권했을 때 어떤 일이 벌어지는지를 똑똑히 보았잖아요. "우리가 남이가." 하는 식으로 정책은 보지도 않고 지역감정으로 선거를 하다 보면 치명적인 결과가 생깁니다.

이원영: 지역감정이야말로 우리 정치의 노골적인 병폐인 것 같습니다.

박창근: 그 발언의 주인공인 김기춘이 지금 대통령 비서실장이잖아

요. 그만큼 아직 우리나라는 정책보다 출신 지역이 미치는 영향이 큰 겁니다. 예전 박정희 정권 시절 부산이야말로 김영삼 씨의 텃밭이잖아요. 동네 할머니들이 "아이고 우리 영샘이 왔나?" 합니다. 그만큼 부산 지역에서 특정 정치인이 가진 영향력이 엄청났던 거예요. 그랬던 사람이 3당 합당하면서 여당 사람이 되어버립니다. 지지자들은 그래도 "우리 영샘이" 하면서 지지합니다. 여당이냐 야당이냐 보다 우리 사람이냐 아니냐가 더 중요했던 거죠. 그렇게 졸지에 제1야당 도시였던 부산이 고스란히 보수 집권 세력의 품으로 넘어갑니다. 안타까운 일이에요. 좋은 정책을 가진 훌륭한 정치인들이 오랫동안 국민의 지지를 받아야 그 사회가 좋아집니다.

이원영: 이제 "우리가 남이가." 식의 정치는 접을 때가 됐지요.

박창근: 그렇습니다. 그래야 사람도 살고 강도 살아요.

모래와 함께 사라진 1조 원

이원영: 자, 그럼 이제 다시 주제를 돌려서 지금까지 진행된 4대강 사업을 어떻게 할 것인지. 강을 어떻게 복원할 것인지에 대해 이야기를 나눠보도록 하겠습니다.

박창근: 4대강 사업 이전에는 한 해에 우리나라 하천 관리비가 500억 정도 들었습니다. 그러던 것이 사업이 끝난 후에는 유지 비용이 훌쩍 높아졌지요. 정부에서는 약 2000억 정도라고 하는데 저희 대한하천학회가 자체 조사해보니 최소 6000억 원이 해마다 들 걸로 보입니다. 사업으로 인한 부작용을 처리하는 비용까지 더하면 아마

1조 원은 족히 될 겁니다.

이원영: 그렇죠. 유지가 아니라 복원해야 하는 상황이 되었으니까요.

박창근: 지금 정부 통계에 안 잡히는 비용이 많아요. 4대강 사업으로 대규모 준설을 한 결과 지천이 망가져서 보수한다는지 이런 데 쓰이는 비용은 4대강 사업비로 잡지 않고 하천 정비사업비로 합니다. 그런 것까지 다 더하면 그쯤 될 거라는 겁니다.

이원영: 계속 이렇게 천문학적인 비용이 들어가면 정부에서도 부담이 될 텐데요.

박창근: 소위 '매몰비용'이라는 게 있습니다. 4대강 사업처럼 규모가 큰 사업은 일단 돈을 쏟아붓고 나서 "배 째라"는 식으로 나오거든요. 이미 이 정도 돈을 썼는데 어쩔 거냐는 거예요. 사람들이 본전 생각이 나니까 반대를 못 합니다. 하지만 이럴 때일수록 단호하게 "그만!"이라고 말해야 해요. 제 말은 그러니까 지금까지 쏟아부은 돈은 잊자는 거예요. 아까워도 할 수 없습니다. 애초에 잘못된 선택이었으니까요.

보를 유지하는 데 들어가는 비용과 해체 비용을 따져봤을 때 별 차이가 없다, 그러면 철거하는 게 맞습니다. 경제성을 따져서 현상을 유지할 거냐, 철거할 거냐, 기능을 개선시킬 거냐 판단을 해야죠. 환경생태적 관점, 공학적 관점도 필요합니다. 무작정 철거하자고 하면 국민들이 그 비용은 또 어쩔 거냐, 하고 나올 수 있잖아요. 4대강 사업이 간과했던 바로 그것, 즉 국민적 합의를 이끌어내야 해요.

그리고 만약 돈이 더 든다면, 애초에 부당한 방법으로 지불한 공사 대금을 회수하는 방법도 있습니다. 예컨대 준설 비용 내역만 봐도 예산이 얼마나 부실하게 집행되었는지 알 수 있어요. 사업 당시 정부는 5억 7000입방미터를 준설하겠다면서 6조 원 정도 비용을 잡았어요. 그런데 저희 대한하천학회에서 4대강 전체를 돌면서 측량해보니까 계획과 많이 차이가 나요. 특히 낙동강은 1억 입방미터가 준설을 안 하거나 다시 재퇴적되었습니다. 정부에서는 사업자가 이걸 퍼내는 대가로 거의 1조 원가량을 지불한 거예요. 이 돈 어떡하느냐는 거예요. 하지도 않은 일에 대가를 지불한 거잖아요. 그럼 회수해야죠. 정부는 정작 이걸 몰라요. 외려 저희가 조사하려니까 방해를 해요. 처음에 우리가 배를 띄워서 측량하려고 하니까 119에서 출동해요. 보트를 운전하려면 면허증이 있어야 하거든요. 수자원공사에서 이걸 알고 미리 신고한 거예요. 그래서 저희 회원 중 세 명이 면허증을 따버렸습니다.

이원영: 정부에서 도움을 안 주는군요. (웃음)

박창근: 그때 낙동강만 해도 하천 측량을 한 단면이 한 600개 정도 되었어요. 그걸 다 조사했습니다. 그 결과를 토대로 1억 입방미터 모래가 어디로 갔느냐고 따졌습니다. 다시 쌓인 건지, 아예 준설을 안 한 건지 알려달라고 했죠. 그랬더니 정부에서 재퇴적되었다는 소리는 못 하고 물량을 줄였다고 발표합니다. 재퇴적을 시인하면 사업 자체가 잘못되었다는 걸 인정하는 셈이니까요. 그래서 저희가 그럼 1조 원은 어디 갔나? 내놔라, 했던 거죠.

이원영: 기자회견이라도 한번 해야 하는 거 아닌가요?

박창근: 자료는 이미 다 만들어놨어요. 제목도 정했습니다. "정부는 1조 원의 행방을 밝혀라!" (웃음)

자연은 스스로 돌아온다

이원영: 네, 그럼 다시 주제로 돌아와서, 이렇게 망가질 대로 망가져 버린 우리 강을 어떻게 살릴 것인가에 대해 말씀을 나눠보겠습니다. 4대강, 재자연화가 가능할까요?

박창근: 어렵지 않아요. 사회적 합의만 있으면 지금이라도 당장 가능해요. 어려운 건 재자연화가 아니라 정치적 이해관계입니다. 일종의 기득권이죠. 보를 열어서 강이 다시 흐르게 하면 되잖아요? 그걸 왜 못하죠? 녹조가 창궐해서 썩은 냄새가 나는데도 수문은 그대로 닫혀 있습니다. 보를 열고 싶어도 못 여는 거예요. 그럼 자기들이 틀렸다는 걸 자인하는 꼴이니까요. 이명박이든 박근혜든 4대강을 추진한 한나라당 출신이잖아요. 지금 박근혜 대통령도 4대강 재자연화에 대해 미온적이잖아요. 제 생각에는 시간이 좀 더 필요할 거로 봅니다. 하천 입장에서는 '이명박근혜' 정부 10년은 암흑의 시대로 기억할 것입니다. '잃어버린 10년'이 지나고, 말 그대로 우리 사회의 이성이 어느 정도 회복되었을 때 저는 그제야 수문이 열릴 거로 봐요. 4대강 사업 추진했던 인사들 지금 정부 고위직에 있어요. 이런 사람들이 수문을 연다? 일종의 자기부정인 거예요. 그러니 가만있을 수밖에요. 재자연화는 그런 인사들이 청산되고서야 가능하리라고 봐요.

이원영: 그래도 우리가 재자연화에 대해 논의하고 여론을 형성하는 것은 중요하리라고 봅니다. 언젠가는 판단을 해야 할 거고요. 수문을 여는 것으로 지금의 문제점이 어느 정도 해결되리라고 보시는 건가요?

박창근: 보를 해체하는 게 궁극적인 해결책이겠죠. 인위적인 시설물들을 치우는 겁니다. 원래의 공간을 자연에게 돌려주는 거예요.

이원영: 하천이 오랫동안 우리나라 땅에서 생태계를 형성해왔잖아요. 지금은 비록 4대강 사업의 후유증으로 심하게 앓고 있지만 자정 능력이 있다고 봅니다. 우리는 자연과 사람이 공생할 수 있는 방법을 찾으면 됩니다. 지난 과오를 회복하고 만회하는 데 노력을 기울이면 가능성은 더 높아질 거라고 생각해요.

박창근: 재자연화의 기본 원칙은 물길 회복입니다. 그러면 나머지는 자연이 알아서 해줘요.

이원영: 청계천도 좋은 본보기가 될 수 있어요. 만약 지금이라도 졸속으로 시행된 청계천 사업을 하나하나 되짚어서 원래의 취지를 살린다면 하나의 훌륭한 재자연화 사례가 되지 않을까요? 이참에 청계천의 문화적 의미도 다시 세우는 방향으로 고민해볼 수도 있겠고요.

박창근: 자연은 스스로 되돌아옵니다. 청계천도 여러 방법을 생각해볼 수 있지만, 결론은 원래의 물길을 살리는 것으로 날 거예요. 물이 스스로 흐르게끔 놔두는 거예요. 인위적인 장벽을 만든다든지, 수위를 인위적으로 조절한다든지 이러면 망가지는 거예요. 지금이라도 인간의 손길을 거둬야 합니다. 사실은 우리가 스스로 회복하려는 자연을 막고 있는 거예요. 인위성을 제거하면 됩니다.

이원영: 문제는 도시에 있는 하천입니다. 하천 유역에 인구가 늘면서 시가지화된 지역이 많거든요. 이 지역은 상습 침수 지역입니다. 그래서 자연적인 흐름을 유지하기가 쉽지 않아요. 인간과 자연의 공생이라는 관점에서 어떻게 재자연화해 나갈 것인가 하는 고민이 있습니다. 그래서 요즘 하는 방식이 강 주변을 생태공원화하고 주민들은 공공 프로세스를 통해 이주시키는 거예요. 원래 자연의 공간을 되돌려주자는 거죠. 그런 원칙으로 접근하는 것이 옳다고 봅니다.

박창근: 자연에게 돌려준다는 관점이 중요하죠. 그러려면 인간 중심의 패러다임을 바꿔야 해요. 우리가 과거 고도성장의 과정에서 계속해서 하천의 땅을 빼앗아 왔잖아요. 농토를 늘리고 공장을 지었습니다. 이제는 달라져야 합니다. 그렇다고 해서 공장을 없애고 농지를 덮으라는 얘기가 아닙니다. 이제부터라도 자연에 양보하고, 되돌려주면서 공생해야 한다는 거예요. 자연을 보는 눈이 달라져야 인간도 살 수 있습니다. 자연을 지배의 대상으로 보는 건 인간의 오만이에요. 인류 역사상 이런 관점은 계속되어 왔죠. 자연을 이용할 목적으로 측정하고 재단했습니다.

과학이 맨 앞에 있었죠. 자연현상을 수치화하고 예측하는 데 온 노력을 기울였으니까요. 그런 식으로 인간은 자연을 정복하고 싶었던 것 같습니다. 하지만 과학을 통해 우리가 알아낸 것들은 이 세계의 극히 일부분에 불과해요. 뉴턴, 아인슈타인이 지금 우리가 사는 세계를 얼마나 설명하고 있지요? 우리 인간은 자연에 대해 모르는 것이 너무도 많습니다. 자연 앞에서 인간은 겸손해져야 해요. 자연의 영역, 신만이 아는 영역을 겸허한 자세로 접근하면 됩니다. 방정식, 수학공식 몇 개로 자연을 재단하고 그것을 바탕으로 건물을 짓고 도로를 뚫어 자연을 바꿀 수 있다고 생각해서는 안 됩니다. 그 결과가 지금이잖아요. 콘크리트 구조물들 사이에서 오염된 공기를 마시는 우리는 정말 자연을 정복한 걸까요? 오히려 현대인들은 자연을 그리워하잖아요. 인식을 바꿔야 합니다. 인간과 자연이 어우러질 수 있는 환경을 만들어야 해요. 자연을 파괴하면 인간도 죽습니다. 그동안 우리의 상식이 탐욕에 가려져 온 거예요. 어렵지 않습니다.

공생과 자급자족 그리고 민주주의

이원영: 우리가 현대 문명의 한계를 극복하려면 개개인의 삶 자체가 좀 더 생태적이고 순환적인 행태로 변화해야 해요. 삶의 양식이 바뀌어야 합니다. 직접 농사를 짓는 일도 한 방법입니다. 농사는 생명을 기르고 키운다는 측면뿐만 아니라 자급자족의 삶이라는 측면에서도 중요합니다. 농업은 경제적인 가치로만 볼 게 아니에요. 환경적으로 의미가 커요. 농업은 이산화탄소 절감에 절대적인 기여를 합니다. 생산과 운송 등에 드는 에너지를 감소시키는 역할도 하고요. 개인으로 놓고 보면 별거 아니지만, 지구 전체로 보면 엄청난 의미가 있습니다. 그래서 선진국에서는 도시 농사가 굉장히 발달했죠. 그러면서 사람들이 자연 속에서 생명의 소중함을 느껴요. 자연 퇴비를 사용하면서 하천을 오염시키는 물질도 줄이고요. 그래서 저는 농사를 강조합니다. 가급적 많은 사람들에게 생태적 농사를 권하고 싶어요.

그리고 또 하나는 유역 단위 생활방식입니다. 비가 오면 하천 줄기로 모이는 범위가 있단 말이에요. 산 능선을 경계로 이 범위가 지어지는데, 그 유역 안에서 생태적인 토지 이용, 생태적인 농사, 생태적인 마을 생활 이런 것을 쭉 진행해 가는 것이 바람직하다는 것입니다. 그러면 자원 낭비 없이 사람과 자연이 어울려 살 수 있는 거예요.

유역 단위로 토지를 사용하면 하천 관리도 쉬워집니다. 필요한 만큼 물을 사용하게 되고, 오염 물질도 줄이기 때문이에요. 자기들이 쓸 물인데 함부로 오염시키겠어요? 그러면 궁극적으로 바다도 살릴 수 있어요. 지금 우리나라의 하천 문제는 강만의 문제가 아닙니다. 바다가 고스란히 오염 물질을 떠안아요. 이러다가는 근해 수산물들을 마음 놓고 먹기 힘든 상황이 올지도 모릅니다. 강을 중심으로 온 국민이 생태적인 삶을 구축하는 것, 저는 실현 가능하다고 생각합니다.

마지막으로 말씀드리고 싶은 건 바로 민주주의입니다. 도대체 민주주의가 하천생태계와 무슨 상관이냐 싶지만 그게 그렇지가 않습니다. 저는 원전 반대운동을 하면서 핵문제와 4대강 사업이 비슷하다고 느꼈어요. 이게 모두 국가가 주도한 사업이지 않습니까. 그러면서 엄청난 단위의 돈이 오가는 사업이에요. 규모가 큰 사업일수록 정치권이 이익집단에 휘둘릴 가능성이 큽니다. 정상적인 과정을 거치지 않고 정치적인 판단을 할 거라는 거예요. 후진국에서 이런 경우가 많습니다. 왜냐하면 소수의 권력가들이 이런 결정을 좌우하기 때문이에요.

국민 주권이 작동해야 합니다. 대통령과 여당이 국민들의 반대에도 4대강 사업을 밀어붙일 수 있었던 것은 국민 주권이 제대로 작동하지 않았기 때문이에요.

나라에서 알아서 하겠지. 지역 발전에 도움이 된다니까. 그러면서 외면한 사람들이 있었어요. 우리나라 헌법 1조에 모든 주권은 국민으로 나온다는, 그 유명한 문구가 있습니다. 10조에는 더 중요한 조항이 나와요. 바로 국민의 기본권에 관한 겁니다. "모든 국민은 인간으로서의 존엄과 가치를 가지며, 행복을 추구할 권리를 가진다. 국가는 개인이 가지는 불가침의 기본적 인권을 확인하고 이를 보장할 의무를 진다."

우리의 삶과 직결되는 자연환경을 보존할 의무가 국가에는 있는 겁니다. 당장 우리가 먹는 물, 모두 강에서 옵니다. 강을 중심으로 형성된 공간에서 우리는 살아갑니다. 우리의 삶을 지키기 위해서라도 4대강 사업 같은 걸 일부 정치인, 관료들에게 맡겨두어서는 안 되는 이유입니다.

박창근: 국민의 생명과 직접적으로 관계된 사업에 당사자인 국민이 관여하는 것은 헌법 정신에 맞는 것이지요. 또한 권력 기관끼리도 서로 견제를 해야 합니다. 중앙정부가 모든 것을 장악하는 게 아니라, 국회도 제동을 걸 수 있어야 하고 지자체도 관여할 수 있어야 해요. 그런 상호 견제 시스템이 확립되어야 4대강 사업 같은 비극을 막을 수 있어요.

선진국의 경우 지자체가 중앙정부가 추진하는 사업에 대해 간섭할 수 있는 권한이 상당히 강합니다. 지방하천 같은 경우 지역과 직접적인 관련이 있으니 당연하고요. 원전 같은 경우도 그 지역에서 관리, 감시할 수 있는 독립적인 권한이 있어요. 우리는 모든 걸 대통령 한 사람이 결정해요. 행정부의 수장이 이거 하자, 하면 국회나 지자체가 멈출 방법이 없어요. 너무 일방적입니다. 이건 우리 헌법 정신에 어긋나요. 우리 법의 취지에 맞게 제도적인 정비가 시급합니다.

이원영: 대통령 한 사람이 모든 걸 결정하고 밀어붙일 수 있는 시스템을 뜯어고쳐야 한다는 데 공감합니다. 그런데 제가 보기엔 이명박 씨 개인의 문제도 살펴볼 필요가 있을 거 같아요. 이 사람이 도대체 왜 그랬을까? 단순히 박정희 따라하기였을까? 하는 의문이 드는 거죠. 저는 개인적으로 이명박 씨가 어떤 종교적 신념에 싸여 있었던 건 아닌가 하는 생각도 해봐요. 예전에 이명박 씨가 시장 재임 시절에 서울을 하나님께 봉헌한다는 발언으로 물의를 빚었잖아요.[18] 어쩌면 4대강 사업도 하나님께 바치려고 추진했던 건 아닌지. 그렇지 않고서야 그 많은 반대를 무릅썼을 리가 없잖아요. (웃음)

18) 2004년 5월 31일 당시 서울시장이던 이명박 씨는 서울 장충체육관에서 열린 '청년 · 학생 연합기도회'에서 '서울을 하나님께 바친다'는 내용의 봉헌서를 낭독한다. 여기서 그는 "대한민국의 수도 서울은 하나님이 다스리시는 거룩한 도시이며, 서울의 시민들은 하나님의 백성"이라며 "서울의 회복과 부흥을 꿈꾸고 기도하는 서울 기독청년들의 마음과 정성을 담아 수도 서울을 하나님께 봉헌한다"고 말했다.

박창근: 대통령도 대통령이지만 그 밑의 추종 세력들이 엄청납니다. 개인적인 신념일 수도 있지만 이들이 부추기는 힘도 상당해요. 아마 그래서 어쩔 수 없이 추진했던 측면도 있을 겁니다. 대통령 선거를 치르면 여기저기서 선거 캠프가 꾸려집니다. 여기에 온갖 인사들이 몰려들지요. 당연히 떡고물을 바라고 모이는 사람들도 꽤 됩니다. 일단 대통령에 당선이 되면 자기들 몫을 요구하는 거예요. 한자리 해주던가, 이권이 될 만한 사업을 추진해달라는 거지요. 결국은 돈입니다.

옛날에 모 지자체 단체장 같은 경우는 토목공사를 하면서 자기한테 선거 자금 댔던 사람들한테 일을 몰아서 주다시피 했어요. 나랏돈을 개인 걸로 보는 거지요. 4대강 사업에서도 이런 양태는 고스란히 드러납니다. 이 사업에 소위 '영포라인'[19]부터 해서 이명박 대통령의 모교인 동지상고 출신들이 많이 참여했잖아요. 업체에서도 연줄을 만들려고 일부러 그쪽 사람들을 뽑아 씁니다. 그래야 권력에 접근하기도 좋고 이권을 따낼 수 있으니까요. 보수 쪽만 그런 게 아니에요. 우리나라는 집단의식이 강해서 오로지 '충성'입니다. 그 대가로 이권을 나눠주는 게 관례화되어 있다시피 하지요.

19) 경상북도 영일 · 포항 출신 인사를 일컫는 말.

대통령 개인도 개인이지만 우리 사회에는 오래전부터 카르텔을 형성하고 있는 정치인, 관료, 학자들이 버티고 있어요. 다시 한 번 강조합니다만, 이들을 청산하지 않는 한 변화는 어렵습니다. 자정 능력이 없다는 말씀이에요. 그래서 감시해야 합니다. 우리가 직접 발 벗고 나서야 해요. 내가 직접 못하겠으면 그 일을 하는 시민단체의 회원이 되는 겁니다. 후원도 하고 모임에도 나가서 적극적으로 활동을 하세요. 나 한 사람 힘을 보태면 세상의 많은 것들이 바뀝니다. 시민사회가 감시를 잘해서 부실시공을 막고 국민 혈세를 보존하면 그게 다시 우리 국민들한테 돌아오는 거 아닙니까? 보람 있는 일이에요. 시민사회의 목소리가 커지면 정치권력도 눈치를 볼 수밖에 없어요. 바로 자기들 표로 연결되니까요. 그들은 부릅뜬 국민의 눈을 가장 무서워합니다.

그런 단체가 많아질수록 우리 사회는 더 살 만해집니다. 사람뿐 아니라 자연 생태계도 살릴 수 있어요. 선출된 권력 밑에 임명직 권력이 있지요. 따라서 선출권을 가진 국민이 주인인 겁니다. 지금은 오히려 임명된 사람들이 국민 위에 군림하잖아요. 뒤집힌 것을 제자리로 돌려놓는 것, 멈춰버린 강을 흐르게 하는 것, 모두가 우리에게 달렸습니다.

이원영: 희망을 버리지 말고 나 한 사람 힘이라도 보태주자는 말씀이시군요. 제가 이 책을 보실 분들께 당부드리고 싶은 것이기도 합니다.